도란도란 카드와 함께 하는

비주얼씽킹,
스토리로 말하라

도란도란 카드와 함께 하는

**비주얼씽킹,
스토리로 말하라**

초판 1쇄 발행 2021년 1월 3일

지은이 김소라 최지영 최정은
       김영언 진현희 이정연

펴낸이 강기원
펴낸곳 도서출판 이비컴

디자인 이유진
마케팅 박선왜

주 소 서울시 동대문구 천호대로81길 23 수하우스 201호
전 화 02)2254-0658 팩 스 02-2254-0634
메 일 bookbee@naver.com
출판등록 2002년 4월 2일 제6-0596호
I S B N 978-89-6245-184-9   03370

ⓒ 김소라 최지영 최정은 김영언 진현희 이정연, 2021

이 도서의 국립중앙도서관 출판예정도서목록(CIP)은 서지정보유통지원시스템 홈페이지
(http://seoji.nl.go.kr)와 국가자료종합목록 구축시스템(http://kolis-net.nl.go.kr)에서 이용하
실 수 있습니다.(CIP제어번호 : CIP2020050045)

도란도란 카드와 함께 하는

비주얼씽킹, 스토리로 말하라

김소라·최지영
최정은·김영언
전현희·이정연
지음

이비락 樂

4부 비주얼씽킹 진로 레시피

5부 교실로 찾아가는 비주얼씽킹 수업

도란도란 카드와 비주얼스토리텔링

인류는 글보다 먼저 그림을 사용했다. 동굴벽화의 그림이나 상형문자를 통해 메시지를 전달했다. 문자로 의미를 전달한 것은 기껏해야 몇백 년 되지 않는다. 2000년대 이후 스마트폰과 더불어 소셜 미디어가 사용되면서 이미지를 활용한 콘텐츠가 주목받고 있다. 문자로 된 글을 읽기보다 한 장의 사진이나 그림 등의 이미지는 전달하고자 하는 의미를 쉽게 표현한다. 바로 '이미지로 이야기하는 시대'가 열린 것이다. 수천 년 전 동굴벽화의 그림을 보면서 당시 사람들의 생활 모습과 사상을 짐작할 수 있는 것과 마찬가지다.

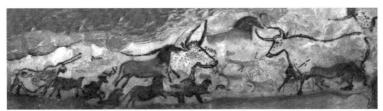

프랑스 도르도뉴 지방의 라스코 동굴벽화

이미지를 이용한 여러 가지 이모티콘

비주얼씽킹은 자기 생각을 글과 이미지 등을 통해 체계화하고 기억력과 이해력을 키우는 시각적 사고 방법이다. 조금 더 간단하게 설명을 하면 생각을 글과 그림으로 표현하고 나누는 것을 말한다. 이와 더불어 이야기를 잘하는 사람이 주목받고 있다. '비주얼스토리텔링'은 비주얼씽킹 방식으로 스토리를 표현하는 카드뉴스, 웹툰, 동영상 등처럼 이미지를 중심으로 이루어지는 커뮤니케이션이라고 할 수 있다. 그림을 그리듯 생각하고, 그림을 그리듯 이야기를 만들어가면 직관적인 표현이 가능하다.

사실 텍스트로 길게 설명하지 않아도 단 한 장의 그림이나 사진만으로 생각이 전달된다. 심지어 사람들의 마음마저 움직이게 만든다. 비주얼씽킹 교육은 어쩌면 자연스러운 흐름이다. 더 이상 글씨로만 쓰인 책이나 인터넷 페이지는 사람들을 감동하게 하기가 어려워졌다. 구글 홈페이지는 텍스트로 된 긴 설명이 없다. 그럼에도 사람들은 이미지를

한눈에 보기 쉽게 시각화한 인포그래픽의 예

통해 어떻게 사용해야 하는지 알고 있다.

상상력은 보이지 않는 것을 볼 줄 아는 능력이다. 머릿속에서 생각한 것들을 구현하면서 세상에 새로운 것들을 내놓는다. 하지만 상상의 스토리텔링 능력이 처음부터 자유자재로 구현되지 않는다. 무수히 많은 연습과 훈련이 필요하다. 보이지 않는 추상적인 의미를 구체화하기까지는 다양한 시도가 필요하다. 비주얼씽킹을 통해 시각화하는 방식은 모든 사람에게 유용하다.

또한 비주얼씽킹은 스토리텔링 능력을 키우는 하나의 방법이다. 눈에 보이는 그림이나 사진 등의 매체를 통해서 연습해 보는 것이다. 생각을 말로 표현하기 전에 적절한 그림이나 이미지를 통해서 정리해 보는 과정을 갖는다. 말하기 힘든 것을 이미지 한 장으로 골라 본다. 사진이나 그림 한 장이 불러일으키는 다양한 감정을 말로 표현해 본다. 비주얼씽킹 방식을 활용한 스토리텔링 훈련은 추상적인 세계를 구체화하는 하나의 방법으로 활용될 수 있다.

이렇듯 많은 데이터를 한눈에 살펴보기 쉽게 만드는 시각화는 보는 순간 '아하'하는 감탄부터 나오게 한다. 즉, 디자인이 정보를 전달하는 매개가 된다. 뇌에서 받아들이는 정보의 70%는 글씨보다 그림에 의한 것이라고 한다. 애니메이션이나 영상 등을 보고 책을 읽으면 훨씬 더 이해가 쉬운 이유이다.

비주얼스토리텔링은 시각적인 요소를 활용하여 자신만의 스토리를 창작하고, 의미를 전달하는 행위이다. 앞으로의 교육은 비주얼씽킹 및 비주얼스토리텔링 중심으로 교육이 이루어질 것이며, 딱딱한 이론과 지식을 나열하는 식의 배움은 더이상 매력을 느낄 수가 없다. 더 잘 배울 수 있도록 돕는 교사, 강사, 부모라면 어떻게 생각 기법을 훈련할 것인지 고민해야 하며, 비주얼씽킹과 스토리텔링은 그 대안이 될 것이다.

1부

비주얼씽킹으로
생각 그려가기

○ 이야기의 힘, 임금님 귀는 당나귀 귀! ○

임금님이 당나귀 모양의 귀를 가지고 있음을 알게 된 복두쟁이(임금의 '관(冠)'을 만드는 사람)가 있었다. 그것을 절대 누설하지 말라는 임금의 명을 받고 가슴이 답답해지는 병을 얻었다. 앞으로 살날이 얼마 남지 않은 복두쟁이는 대나무 숲을 찾아간다. 그리고 평생 가슴에 담아두기만 했던 말 "임금님 귀는 당나귀 귀!"라는 말을 큰소리로 외친다. 더 크게 외치면서 그동안의 한을 푼다. 이후 대나무 숲에는 바람이 불면 어디에선가 "임금님 귀는 당나귀 귀"라는 소리가 들려오게 되었다.

이 이야기는『삼국유사』'기이편(奇異編)' 경문대왕 조에 남아있는 기록이다. 임금님의 귀가 당나귀 귀라는 사실을 발설하면 목숨을 잃게 되는 한 남자는 오랜 시간 참고 지냈다. 그러다 대나무 숲에 들어가 그것을 말하고 만다. 바로 인간은 이야기를 전파하고자 하는 본능을 지녔다는 한 증거가 아닐까. 누군가에게 나의 이야기를 전하고 싶은 욕망이 존재한다.

인류는 언제부터 이야기를 만들어낸 걸까? 역사는 곧 이야기다. History라는 영어의 어원은 라틴어 Historea에서 왔다. '쓰다'는 의미의 'Hi'와 이야기를 뜻하는 'Storea'의 합성어다. 역사, 즉 히스토리는 '이야기를 쓰다'는 의미다. 생존을 이어가면서 인류는 부족의 후손과 그 후손에게 이야기를 전했다. 신화나 전설, 민담, 노래, 연극 등 다양한 형식의 이야기는 문자가 생기기 이전부터 시작된 셈이다.

이야기는 힘이 세다. 어떤 사실이나 수치, 지식 등을 기억할 때 단적인 정보는 금방 잊힌다. 하지만 이야기가 담길 때 오래 기억된다.

아라비안나이트는 바로 천 일 동안 '세라자드'라는 주인공이 왕에게 들려주는 이야기다. 샤흐리야르 왕은 자신의 부인이 흑인 노예와 정을 통한 사실을 목격하고 분노하여 왕비와 흑인 노예를 모두 죽인다. 그리고 이제부터 결혼하는 여자들은 첫날밤을 마지막으로 처형하겠다고 한다. 매일 한 명의 처녀를 부인으로 맞아들이고, 다음날 어김없이 신부를 죽인다. 3년이 지나 더는 처녀를 찾아볼 수 없게 되자 충성스러운 한 대신이 자신의 아름다운 딸 세라자드를 왕에게 보낸다. 말솜씨가 뛰어나고 책 읽는 것을 좋아하는 세라자드는 세계 각국의 신기한 이야기를 왕에게 들려준다. 재미난 이야기가 아니면 죽여도 좋다고 말한다.

"옛날 옛적에 바닷가에 한 쌍의 공작이 살고 있었습니다. 그런데 원래는 공작이 아닌 인간이었죠." 궁금증에 왕은 "무슨 일이었던 게냐?" 이렇게 질문을 하고 세라자드의 이야기를 듣는다. 이야기에 빠져들고 시간 가는 줄 모르면서 하루가 지나고, 이틀이 지나고, 결국 천 일이 지났다. 누군가의 마음을 움직이는 것은 바로 이야기의 힘이다.

그렇다면 왜 인류의 시작부터 존재한 이야기가 또다시 스토리텔링이라는 키워드로 쟁점이 되는 걸까. 1981년 미래학자 앨빈 토플러는

『제3의 물결』이라는 책을 통해서 정보혁명을 말했다. 또한 덴마크의 미래학자 롤프옌센은 '드림 소사이어티'가 올 것이라고 선언했다. 상상력과 창의력을 바탕으로 사람들의 꿈과 감성을 건드리는 스토리텔링이 미래의 핵심으로 떠오르게 되었다.

4차 산업혁명이 도래하면서 자연과학의 기술과 인문과학의 상상력을 조화시키는 것이 필수라 한다. 기술혁신으로 세상이 바뀌었지만, 기술을 만드는 건 인간의 창의력이기 때문이다. 스티브 잡스는 스토리텔링을 잘한 기업가다. "제품이 아닌 꿈을 팔아라." 그리고 "스토리텔링의 대가가 돼라."고 말했다. 기업가에게 중요한 자질 중 하나는 스토리텔링 능력이다. 스토리텔링은 어쩌면 앞으로의 국가, 기업 전반의 산업에 중요한 요소가 되지 않을까. 기술을 연결하여 스토리를 만드는 것이 4차 산업혁명의 중요한 대응책이 된다.

재미있는 이야기, 듣고 싶은 이야기, 마음을 움직이는 이야기는 사람들을 사로잡는다. "옛날 옛적에 호랑이가 담배 피우던 시절이었는데....."로 시작하는 할머니의 이야기는 긴 겨울밤 이불 속으로 들어가게 만드는 힘이었다. 구수하고 정겨운 할머니의 이야기는 지금 생각해 보니 어떤 TV 프로그램이나 드라마, 영화보다 재미있었다. 매일 밤 반복해서 같은 이야기를 또 들어도 지루하지 않았다. 어느 순간부터 이야기를 들려주는 구술 문화는 사라졌다. 할머니가 들려주는 이야기를 대신해주는 것들이 너무 많다. 스마트폰의 영상, TV의 연예 프로그램이나 드라마, 영화나 소설 등 무한한 이야기의 홍수에서 살고 있다. 화려하고 스펙터클한 스토리는 넘치지만 할머니가 이불 속에서 들려주던 이야기와는 비교할 수가 없다.

그래서일까. 젊은 엄마들은 아이들에게 이야기를 들려주는 힘을 잃어버렸다. 자신이 직접 이야기를 만들어서 아이들에게 들려주기보다 그림책을 보여주거나 영상을 틀어 주면 그만이다. 이야기를 만드는 방법도 어느 순간 세대 간의 단절로 사라져버렸다. 당연히 학교 교육에서도 이야기 창작 교육은 드물다.

이제 이야기를 만드는 능력이 더더욱 필요하다. 스토리텔링은 사람들을 설득하는 힘이 된다. 그뿐만 아니라 이야기를 통해서 자기 자신을 발견하고 탐구하게 된다. 과거 지식 정보화 시대는 주어진 정보를 단순히 암기하고, 많은 것을 기억하는 능력이 필요했다. 주어진 정답을 빨리, 많이 맞추는 기계적인 인간이 똑똑한 사람으로 인정받았다. 이제는 그렇지 않다. 미래의 4차 산업혁명은 상상력과 꿈의 시대, My way를 찾아 나가는 시대다. 기업도 국가도 개인도 자기 자신만의 길을 만들어야 한다. 스토리텔링 자체로 존재감을 입증할 수 있다. 이야기하는 사람과 듣는 사람이 서로 소통하고 공유하면서 마음을 주고받을 때 살아있음을 느낀다. 그렇기 때문에 각자 자신만의 이야기를 만들어 내야 한다.

○ 비주얼씽킹으로 이야기꾼이 되자 ○

이야기는 모든 인간의 본능이다. 이야기 만들기 좋아하고 이야기에 빠져든다. 영화와 드라마와 소설은 모두 이야기의 세계다. 사물에 이야기가 더해질 때 우리의 기억을 붙들어 놓는다. 프랑스의 인상파 화가, 모네의 그림 중 《일본식 다리》라는 제목의 그림이 있다. 붉은색의 물감이 덕지덕지 칠해져 형체를 알아보기 힘든 그림이다. 제목과 그림이 연결되지 않는 듯하다. 하지만 《일본식 다리》라는 그림에는 모네의 이야기가 담겨 있다. 바로 모네가 백내장에 걸렸을 때 그린 그림이라는 것. 모네가 사랑했던 아름다운 정원에 있었던 작은 일본식 다리를 보면서 백내장에 걸린 고통을 예술로 승화했다.

모네의 《일본식다리》

모든 사람은 자기만의 이야기가 있다. 자신이 창작하는 이야기 속에서 인생을 살아간다. 역사와 신화, 정치, 사회, 과학, 학문, 신앙 등도 모두 이야기다. 이야기에 신념을 더하고 믿음을 내면화한다. 이야기를 창작하는 것은 자신만의 세계를 만들어나가는 과정이다. 상상력을 더하여 만들어진 이야기 속에서 나만의 무언가를 세워나갈 수 있다. 창조자의 능력이 모든 인간 안에 내재한다.

어떻게 이야기 만드는 연습을 할 수 있을까? 그림을 활용한 비주얼 씽킹 기법을 제안한다. 난해한 머릿속 생각을 실제 그림 카드를 보면서 확장할 수 있다. 스토리텔링 도구 중 하나인 '도란도란 카드'를 소개한다. 도란도란 카드는 100장의 그림 카드로 구성되어 다양한 장면과 인물, 감정, 직업 등이 담겨 있다. 이를 활용하여 수많은 이야기의 조합이 가능하다. 누구나 스토리텔러가 될 수 있는 매력 있는 카드이다.

이야기를 만드는 훈련은 어떤 효과가 있을까?

첫 번째는 예상치 못한 상황 대처 능력을 향상시킨다. 스토리텔링을 하다 보면 어떻게 이야기를 연결해나갈지 고민하게 된다. 앞에서 이야기한 내용에서 벗어나지 않도록 자연스러운 흐름을 고려해야 하는데 이야기는 바로 사건의 연속이며, 사건은 곧 문제이다. 문제를 해결해나가는 것이 어찌 보면 인생이 아닌가! 창조성은 바로 돌발 상황에 대한 대처 능력과도 같다.

두 번째는 이야기의 구성 원리에 대해서 알게 된다는 점이다. 주인공, 사건 전개, 위기, 문제해결, 결말 등의 스토리 구조는 소설이나 영화, 드라마의 구성이기도 하다. 주인공이 태어나 그냥 죽어 버리는 이야기는 없다. 인간이 태어나서 죽기까지 그 속에 다양한 사건이 펼쳐진다. 위기를 만나 해결하는 과정, 조력자를 만나서 도움을 받고, 자신의 노력으로 능력을 갖추게 되는 일 등이 생긴다. 영웅으로 태어난 사람은 없다. 문제를 통해서 영웅적인 능력이 키워진다. 모든 사람은 바로 이야기 속의 영웅이 될 수 있다.

　세 번째는 소통 능력이다. 자신이 만든 이야기를 다른 사람들에게 들려줌으로써 사람들과의 관계가 돈독해지게 되는데, 즉 서로의 말에 귀 기울이는 것이다. 이는 다른 사람의 이야기를 듣는 경청 기술이 발달할 수 있으며, 소통은 무엇보다도 잘 듣기가 중요하다. 잘 들어야 새로운 아이디어가 떠오르기 때문이다.

◦ 비주얼씽킹을 돕는 도란도란 카드 ◦

비주얼씽킹을 도와주는 도구 중 하나인 '도란도란 카드'를 소개한다. 도란도란의 사전적 의미는 '여럿이 나직한 목소리로 서로 정답게 이야기하는 소리. 또는 그 모양'이다. '도란도란'이라는 이름에서 알 수 있듯 사람들이 이야기를 나누고 소통하는 데 활용된다. 도란도란 카드는 100장의 그림 카드로 구성되어 있다. 유아부터 성인까지 전 연령이 사용할 수 있다.

일상의 이야기를 웹툰으로 그려내는 웹툰 작가 미스안(안지윤)이 일러스트레이터로 참여하였다. 미스안의 그림은 동글동글한 사람의 이미지로 '친근함'이 있고 전 연령을 아우르는 복고적인 느낌이 있다. 또한 웹툰을 그리는 젊은 감성이 있어서 도란도란 카드의 이미지를 표현하는데 적임자라고 생각하였다. 도란도란 카드에는 네 명의 대표 캐릭터가 등장한다. 여자, 남자 각 두 명의 주인공 캐릭터는 빼어난 미남, 미녀가 아니다. 보통의 나를 닮은 '일상의 캐릭터'를 표현하였다. 미스안의 손 그림은 때로는 재미있고, 귀엽고, 편안함을 준다. 그림에 대한 사람들의 반응은 '귀엽다', '우리 아이 닮았다', '어린 시절이 떠오른다', '그림풍이 따뜻하고 재미있다' 등이 있었다. 카드의 재질은 무광 코팅지를 사용함으로써 촉감의 부드러움도 더하였다.

도란도란 카드는 어떻게 구성되었을까? 자신의 스토리를 만드는 것은 삶을 설계한다는 것과도 일맥상통한다. 나의 이야기 속에서 새로

운 미래 이야기를 발견할 수 있다. 도란도란 카드에는 하워드 가드너
의 '다중지능'의 8가지 대표적인 직업군이 포함되어 있다. 하워드 가드
너 교수는 인간에게 여러 종류의 지능이 있음을 밝혔다. 다중지능에는
인간친화지능, 자기성찰지능, 자연친화(탐구)지능, 공간지능, 음악지능,
신체운동지능, 논리수학지능, 언어지능이 총 8가지 지능으로 구분했

가드너의 다중지능이론

다. 사람마다 여러 가지 능력의 측면에서 서로 다른 강점과 약점을 가지고 있다. 자신의 강점지능을 발견하고 이를 개발하는 것이 중요하다. 도란도란 카드에는 대표적인 다중지능이론의 요소를 반영하였다. 다중지능의 이미지를 소재로 스토리텔링을 하면서 자신만의 이야기를 만들 수 있다.

다중지능과 대표적인 카드 이미지

인간친화지능			
자기성찰지능			
자연친화 (탐구)지능			

공간지능

음악지능

신체운동지능

논리수학지능

언어지능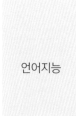

또한 도란도란 카드에는 직업 성역할의 유연함이 있다. 직업에 대한 성역할 편견을 자연스럽게 없앨 수 있도록 하였다.

성역할 편견을 없애고자 한 직업 소개

이와 함께 희로애락을 담을 수 있는 다양한 감정의 그림이 포함되어 있다. 자연스럽게 감정을 표현할 수 있고 감정과 관련한 스토리텔링을 할 수 있다.

다양한 감정을 나타낸 그림

　재미있고 흥미 있는 이야기에는 갈등의 요소와 이를 해결해 가는 과정이 담겨 있다. 삶을 사는 데 있어서 어떠한 갈등이 있을까? 환경적인 상황이 주는 외적인 어려움과 내면적인 어려움이 있다. 이별, 외로움과 고난, 가난, 귀찮음, 게으름, 막연함, 두려움, 선택 장애, 고립감, 포기 등은 이야기의 갈등상황이 된다. 이러한 갈등을 극복하는 내용도 도란도란 카드에서 발견할 수 있다.

　도란도란 카드에는 탄생에서부터 죽음까지 삶의 주기가 담겨있다. 또한 눈, 비(번개), 맑은 날, 아침, 밤 등 시간적인 요소를 고려하였다. 그리고 학교, 병원, 해변, 놀이공원, 집, 카페 등 공간적 요소도 포함했다.

이러한 상황들로 다양한 스토리텔링이 가능하다. 본 책에서는 도란도란 카드를 활용한 비주얼스토리텔링의 사례를 다루고 있다. 물론 도란도란 카드뿐만 아니라 다양한 이미지를 활용해 비주얼스토리텔링 기법을 적용해 볼 수 있을 것이다.

2부

비주얼씽킹으로
소통하기

◦ 처음 만나 도란도란 인사하기 ◦

신학기가 되면 학교에서는 학부모총회를 연다. 학교의 1년 동안 활동계획이나 학년별 수업의 방향, 학교의 교육 철학을 듣는 자리다. 또 학부모회 임원 선출도 한다. 그리고는 각 반의 담임선생님 소개를 받는다. 그렇게 전체 행사가 끝난 후에는 아이가 속해 있는 반으로 자리를 옮겨 담임선생님과 학부모 간담회를 한다. 소개의 풍경은 대개 이렇다.

"안녕하세요. 화서동에 사는 영래 엄마예요. 잘 부탁드립니다."

하지만 너무 딱딱하고 재미없고 기억도 잘 나지 않는 인사다. 여기에 작은 특별함을 더한 자기소개를 해보는 건 어떨까?

 그림 카드를 이용하여 자기소개를 할 수 있다. 나를 표현하는 카드를 3장 골라 다른 사람 앞에서 자신을 소개한다. 다음은 직접 도란도란 카드를 활용하여 자기소개한 내용이다.

"저는 초등학교 6학년과 고등학교 1학년 두 형제를 둔 엄마입니다. 두 아이는 한 그릇 안에 담겨있는 짬짜면처럼 서로 다른 성향과 개성을 가진 아이들입니다. 저는 주부이면서 학생이기도 합니다. 강사이면서 마을 활동가입니다. 그래서 늘 바쁘게 삽니다. 사람들을 만나고 그 속에서 새로운 것을 알아가는 것을 좋아합니다. 앞으로 여러분들과도 좋은 사이가 되길 바랍니다."

"제 취미는 뜨개질입니다. 아이들의 옷을 어릴 때부터 떠 주곤 했습니다. 목도리나 장갑, 모자 등을 직접 떠서 선물하는 것을 좋아합니다. 아이가 셋이라 항상 육아 스트레스에 지쳐 있습니다. 그래서 사람들과 함께 찜질방에 가서 스트레스를 해소합니다. 기회가 된다면 좋은 찜질방을 소개해 드리겠습니다."

학생들도 이처럼 흥미 있게 자기소개를 할 수 있다. 그림 카드 중에서 자신의 취미, 장래 희망, 요즘 기분, 어린 시절 등 다양한 장면을 선택하여 말해볼 수 있다. 다음의 예를 보자.

"저는 초등학교 때 축구를 하다가 다리를 다친 적이 있습니다. 그래도 축구를 매우 좋아합니다. 꿈은 비행기 조종사가 되는 것입니다. 요즘 저는 강아지를 키우고 있는데 매일 산책시키는 것을 좋아합니다."

이렇게 인사하면 상대방의 성격이나 하는 일을 좀 더 쉽게 알 수 있다. 또한 다양한 이야깃거리가 자연스럽게 분위기를 편안하게 만들어 준다. 이렇듯 첫 만남의 어색함도 도란도란 카드를 활용하면 관계를 부드럽게 연결할 수 있다.

◦ 진실 혹은 거짓 ◦

초등학교 공개수업을 가면 손을 번쩍번쩍 들고 발표 잘하는 학생이 가장 눈에 띈다. 발표를 잘한 아이의 엄마들은 웃음꽃이 핀다. 반대로 발표를 하지 않고 고개 숙인 아이의 엄마들은 얼굴빛이 어둡다. 딸아이는 1학년 때부터 5학년 때까지 나를 어두운 얼굴빛으로 만들었다. 집에 오면 꼭 한마디 했다.

"회림아, 너도 발표 좀 하지 그랬어?"

그냥 아무 말 없이 씩 웃고 마는 딸을 보면 속이 터질 때가 한두 번이 아니었다. 그런데 6학년 때 딸아이는 처음으로 발표를 했다. '진진가 게임'으로 하는 자기소개였다. '진진가 게임'은 자기소개를 할 때 주로 사용하는 방법이다.

"엄마! 내 소개를 게임으로 해 보니 흥미진진하고 신나서 발표하게 돼."

회림이가 발표를 하다니 신기할 따름이었다. 내성적인 아이들은 외향적인 아이들과는 또 다른 힘을 가지고 있다. 생각의 깊이가 있고 지혜롭다. 하지만, 자신의 속마음을 표현하는 것에 서툴다. 자신을 잘 표현할 줄 알면 사람들과의 소통이 자연스러워진다.

배우 송강호 주연의 《반칙왕》이라는 영화가 있다. 소심한 은행원 임대호는 실적도 저조하고 제대로 되는 일이 하나도 없다. 매일 그를 괴롭히는 부지점장의 헤드락 걸기 때문에 직장생활이 지긋지긋하다. 우연히 눈에 띈 레슬링 체육관에서 '울트라 타이거 마스크'를 만난다. 우여곡절 끝에 그는 반칙 캐릭터 역할로 레슬링 대회에 나가게 된다. 그는 반칙왕 마스크를 쓰고 링 위에 올라서면 소심한 자신을 벗어던질 수 있었다. 링 위에서 주인공이 되었다. 영화 후반부에서는 마스크가 찢기는 상황이 오지만 사력을 다하는 모습을 보여준다.

한번은 《복면가왕》이나 이 영화를 보면서 '마스크만 있으면 100명 앞에서도 떨지 않고 발표할 수 있을 텐데…'라는 생각을 해보았다.

'진진가 게임'은 자기소개를 할 때 주로 사용하는 방법이다. 《복면가왕》의 마스크 같은 도구이기도 하다. 진짜, 진짜, 가짜의 세 가지 사실을 사람들 앞에서 말한다. 그리고 듣는 사람이 한 가지의 가짜를 찾아내는 게임이다. 단순한 게임을 통해서 상대방의 말을 잘 들을 수 있고 가짜를 맞추는 재미까지 더한다. 진진가 게임을 할 때 말로만 할 수도 있지만 그림 카드를 활용할 수 있다.

━━━━ '진실 혹은 거짓' 활동 방법

1) 그림 카드 중 진실 카드 2장, 거짓 카드 1장을 고른다.
2) 3장 모두 사람들에게 진실인 것처럼 자기소개한다.
3) 듣는 사람들은 3장 중 1장의 거짓을 찾아낸다.

◎ 초등학교 4학년 이주영 어린이는 다음과 같이 3장의 카드로 다음과 같이 얘기했다.

1. 나는 무언가를 시작하면 끝까지 노력해서 결과를 얻는다.
2. 나는 많이 먹어서 뚱뚱하다.
3. 나는 유럽여행을 다녀왔다.

어느 것이 가짜일까? 바로 2번이 정답이었다. 듣는 사람이 쉽게 맞출 수 있었다. 왜냐하면 이주영 어린이는 체격이 말랐기 때문이다. 이렇게 답을 쉽게 맞히면서 화기애애한 분위기가 조성된다. 첫 만남에서 친해지는 계기도 된다.

◎ 중학교 2학년 이회림의 자기소개다. 다음 중 가짜는 무엇일까?

1. 나는 글쓰기 상을 탄 적이 있다.
2. 나는 등산이 취미이다.
3. 나는 사랑하는 사람이 있다.

바로 정답은 2번이었다. 3번이 가짜라고 했던 친구들도 많았다. 그런데 알고 보니 이회림 학생은 '방탄소년단(BTS)'을 좋아한다고 말하면서 3번이 사실이라 했다. 이와 같이 진진가 게임을 할 때 그림 카드를 사용하면 훨씬 분위기가 부드러워진다. 그리고 나에 대해서 깊이 생각할 수도 있다. 다른 사람들에게 어떻게 나를 표현할 것인지 고민하는 시간이 된다.

○ 질문 공작소 ○

인터넷에서 떠도는 유머가 하나 있다. 어느 국제학교 선생님이 수업 시간에 아이들에게 질문을 던졌다. "애들아 다른 나라의 식량 부족에 대해 너희 생각을 이야기해볼래?" 그러자 아프리카에서 온 아이가 "식량이 뭐죠?"라고 이야기했다. 옆에 있던 유럽에서 온 아이는 "부족하다는 게 뭐죠?"라며 되물었다. 뒤를 이어 미국에서 온 아이는 "다른 나라가 뭐죠?" 또, 중국에서 온 아이는 "제 생각이 뭐죠?"라고 선생님에게 물었다. 그렇다면 과연 한국에서 온 아이는 어떠한 이야기를 했을까? 우리나라 아이는 당당하게 손을 들고 "선생님 시험에 나오나요?"라고 물었다. 우리 교육의 민낯을 보는 듯해 씁쓸함이 남는다.

우리나라는 세계에서 교육열이 높기로 유명하다. OECD 주관 국제 학업성취도 평가에서 늘 높은 순위를 유지한다. 하지만 이런 우리나라의 학교 교육은 전통적으로 시험에 출제되는 것 위주로 시행한다. 아이들 또한 공부의 기준은 늘 '시험에 나오나요?'가 되는 것이다.

최근 중학교의 자유학년제 도입으로 커뮤니케이션을 강조하며 토론식 수업을 시도한다. 그럼에도 여전히 교육 현장에서는 교사가 학생에게 지식을 전달하는 식의 수업을 하고 있으며, 질문이 별로 없다. 교사도 학생에게 질문하지 않고, 학생 역시 교사에게 질문하지 않는다. 이런 우리나라 교육 현실과는 다르게 유대인 교육은 질문과 호기심을 자극하며 스스로 생각하게 한다. 질문과 토론을 통해 비판적 사고로 소통하며 창의적 진리를 발견해 나간다. 창의, 창조, 혁신이 강조되는 21세기에 경쟁력을 갖추기 위해 어떻게 가르쳐야 할까. 질문을 통해 스스로 탐구하고 주체적으로 배워나가야 한다.

질문이 있는 교실이 되기 위해 먼저 질문하는 것에 익숙해져야 한다. 사소한 것부터 다른 시선으로 바라보는 훈련이 필요하다. 처음에는 익숙지 않고 서툴지라도 일상생활에서 질문하는 습관을 만들어 보자. 질문 습관을 만들기 위해 그림 카드를 활용할 수 있다. 활동이 반복될수록 창의적이며 다양한 질문들이 쏟아져 나온다. 그림 카드를 활용한 질문 훈련으로 교육 현장에 작은 변화를 만들 수 있다.

━━━ '질문 공작소' 활동 방법

1) 그림 카드 중 무작위로 한 장의 카드를 선택한다.
2) 한 장의 카드를 보고 돌아가면서 새로운 질문을 만든다.
3) 정해진 횟수만큼 질문을 이어나간다.

━━━ 활동 사례

준서: 슈퍼맨이 왜 변신을 하려할까? (무슨 일이 일어났을까?)

민서: 슈퍼맨이라기엔 뚱뚱하다. 진짜 슈퍼맨일까?

서율: 왜 아빠를 슈퍼맨이라고 부를까? (슈퍼맨이 돌아왔다)

지오: 안에다 슈퍼맨 옷을 입고 다니면 불편하지 않을까?

준서: 슈퍼맨하고 배트맨(슈퍼 히어로들)하고 싸우면 누가 이길까?

민서: 슈퍼맨이 되어 하늘을 날 때 기분이 어떨까?

서율: 슈퍼맨은 어떤 회사에 다닐까?

지오: 진짜 슈퍼맨이 우리나라에도 숨어 있을까?

준서: 슈퍼맨의 얼굴이 왜 안 그려졌을까?

민서: 왜 여자 슈퍼맨 그림은 없을까?

서율: 슈퍼맨은 어떻게 태어났을까?

지오: 슈퍼맨도 죽을까?

준서: 슈퍼맨의 약점은 무엇일까?

민서: 왜 다른 사람을 도와주는 사람들을 슈퍼맨이라고 부를까?

서율: 슈퍼맨 같은 사람은 어떤 사람일까?

지오: 내가 슈퍼맨이 되고 싶을 때는?

준서: 내가 슈퍼맨의 도움이 필요할 때는?

민서: 슈퍼맨처럼 살면 좋을까? (행복할까?)

서율: 슈퍼맨은 누가 도와주나? (슈퍼맨이 어려울 때)

지오: 내가 슈퍼맨이라면 누구를 도와주고 싶은가?

◦ 질문으로 자기소개하기 ◦

사람들은 자신에 대해서 말하기를 두려워한다. 나를 드러낼 때 마치 옷을 벗은 듯 창피함을 느끼기도 한다. 언어의 한계 때문이기도 하다. 말로 잘 표현할 수 없는 추상적인 생각을 그림 카드로 나타낼 때 편안함을 느낀다. '나 소개하기'를 다음과 같은 질문으로 해 볼 수 있다. 질문에 해당하는 대답을 말 대신 카드의 그림으로 한 장씩 선택한다. 돌아가면서 선택한 그림 카드를 보여주며 자기소개를 할 수 있다.

━━━ 활동 사례

1) 나의 장점은?

나는 사람이 많을 때 분위기를 재미있게 잘 이끌어요. 특히 노래방에 가서 신나게 놀 줄 알아요.

나는 뜨개질을 할 줄 알아요. 목도리나 장갑, 모자 등을 직접 떠서 주변 사람에게 선물해 준 적이 많아요.

저는 언제 어디서나 잠을 잘 자요. 머릿속에 복잡한 생각이 있을 때 그냥 잠을 자고 나면 복잡한 생각이 해결되는 것 같아요. 잠을 잘 자는 것도 제 장점이에요.

로또를 맞은 적은 물론 없지만, 작은 이벤트에는 당첨된 적이 많아요. 100달러가 당첨된 적도 있고, 제주도 무료 숙박권이 당첨된 적도 있어요. 책 이벤트나 상품권 등도 받은 적이 있답니다. 큰 행운은 아니지만 제게는 작은 행운이 많은 것 같아요.

저는 눈물이 많아요. 만화 '도라에몽'을 보면서도 운 적이 있을 정도니까요. 작은 것에 감동을 잘 하는 편이랍니다.

2) 나의 이상형은?

저는 선택 잘 하는 남자가 좋아요. 뭘 먹을까 망설일 때 결정을 잘 해 주는 사람이 곁에 있으면 든든할 것 같아요.

캠핑을 가거나 산이나 바다 등 야외활동을 좋아하는 사람과 만나고 싶어요. 여행 좋아하는 사람과 잘 통할 것 같아요.

술은 적당히 마시되 담배는 피우지 않는 사람이면 좋겠어요.

글을 잘 쓰거나 책 읽는 것을 좋아하는 사람이 잘 통할 것 같아요.

고난을 겪어본 사람에게 매력을 느껴요. 어려움이나 역경은 사람을 성장시켜 주는 원동력이 되니까요. 홀로 무언가를 해 낸 사람에게는 분명 자생력이 있을 거라 믿어요.

3) 내가 만약 스무 살로 돌아간다면?

세계 여러 나라 친구들을 사귀고 싶어요. 언어의 장벽으로 여행의 두려움이 컸는데 20대에 다양한 문화의 친구들을 사귀지 못한 게 아쉬워요.

공부 말고 몸으로 할 수 있는 것들을 배울 거예요. 특히 춤이나 수영 같은 것이요.

전국 일주를 해 보고 싶어요. 한 달 정도 우리나라 곳곳을 혼자 여행하고 싶어요.

학교 방송국이나 신문사와 같은 동아리 활동을 해 보고 싶어요. 취재하고 인터뷰 하는 일을 자연스럽게 일찍 시작했더라면 좋았을 것 같아요.

등산을 열심히 할 거예요. 아마도 20대에 산을 오르는 취미가 있었더라면 인생이 달라지지 않았을까요.

그림 카드는 대화의 물꼬를 트는 간편한 도구다. 특히 서로 알지 못하던 사이에서 쉽게 친밀감을 느끼게 한다. 상대방을 그림의 이미지로 기억하기 쉽게 만든다. 자신을 다른 사람 앞에서 자연스럽게 표현할 기회를 제공한다. 모임이나 강의 때 좋은 질문 리스트 1~2가지를 준비하여 본 활동으로 시작하기 전에 하면 좋다.

다음의 질문 리스트를 활용해 보자. 질문에 따른 자신 생각을 그림 카드 3장~5장 정도 골라 말할 수 있다.

<질문 리스트의 예>
● 나의 취미 활동은?
● 나의 성격을 표현하면?
● 나의 이상형은?
● 내가 스무 살로 되돌아간다면?
● 나의 단점은?

- 나의 어린 시절은?

- 나의 부모님은?

- 내가 가진 두려움은?

- 내가 성취한 일은?

- 내가 기분 좋을 때는?

- 나의 스트레스 해소법은?

- 나에게 100만원이 생긴다면?

- 내가 도전하고 싶은 일은?

- 나는 어떤 부모가 되고 싶은가?

◦ 우리가 꿈꾸는 세상 ◦

요즘 어디든 어렵지 않게 만날 수 있는 대형 할인매장이나 편의점. 많은 사람이 필요한 여러 가지 물건을 사기 위해 자주 찾는 곳이다. 매장 곳곳에 가득 차 있는 물건을 보며 풍요로움을 느끼기도 하고 새로운 제품을 만나며 세상의 변화를 알 수 있다.

개인적으로 쇼핑을 위해 대형 마트에 갈 때 평소에 필요하다고 생각되는 물건 목록을 적어서 다닌다. 하지만 항상 쇼핑카트에는 계획했던 품목보다 좀 더 많은 것들이 담긴다. 특히 유혹을 물리치기 어려운 것이 '1+1' 소위 말하는 '원 플러스 원' 행사 상품이다. 즉 하나의 물건을 사면 하나 더 준다(buy get 1 free)는 이야기이다. 마침 필요했던 물건이라면 기쁨이 두 배가 될 때도 있다. 하지만 이런 광고 문구를 보면 계획에도 없던 물건의 유혹을 쉽게 이기지 못하고 장바구니에 담게 된다.

여기 세상에 도움이 되는 '1+1'을 꿈꾸고 실현하는 회사가 있다. 탐스슈즈(TOMS shoes)는 "내일을 위한 신발"(Shoes for Tomorrow)을 만든다. TOMS는 소비자가 한 켤레의 신발을 구매하면 또 한 켤레의 신발을 제3세계 어린이들에게 전한다. 창업자 블레이크 마이코스키는 맨발로 다니는 어린이들을 돕기 위해 2006년에 TOMS를 창립했다. 제3세계 어린이들은 신발이 없어 맨발로 거친 길을 걸어 다니다가 상처가 난다. 이로 인해 토양기생충에 감염되고, 또 다른 여러 가지 병이 생기기도 한다. 또한 학교 유니폼인 신발이 없어서 학교에 다니지 못하여 배움의 기회에서 멀어지기도 한다.

블레이크 마이코스키는 이런 전 세계의 어려운 환경에 놓인 어린이들을 위해 TOMS Shoes의 가치를 전한다. 또 신발 없이 불편하게 생활하고 있는 어린이의 아픔을 공감하기 위해 '신발 없는 하루 캠페인'을 만들어 많은 사람들과 함께 하기도 한다.

나도 TOMS 신발 한 켤레를 가지고 있다. 이 신발을 신을 때면 선물 받은 신발로 미소 짓는 어린이들의 모습이 떠오른다. 이처럼 소중한 가치를 전하는 물건이 1+1이 아니라 2+2, 3+3, 4+4, 5+5로 세상에 전달되기를 바란다. 한 사람의 따뜻한 생각은 이렇게 많은 사람을 행복하게 할 수 있다. 모두가 행복한 세상을 만들기 위해 마음껏 꿈꾸어 보자.

━━━━ '우리가 꿈꾸는 세상' 활동 방법

1) 여러 장의 그림 카드를 펼쳐놓는다.
2) 그중에서 자신이 생각하는 행복한 세상을 표현한 그림을 선택한다.
3) 해당 카드에 대한 설명을 포스트잇에 적는다.
4) 서로 이야기를 나눈다.

활동 사례

ㅇ 도란도란 LETS ㅇ

한 TV 프로그램에 개그우먼들이 나왔다. 개그 외에 자신의 재능이나 지식을 소개하는 시간이 있었다. 그중 개그우먼 김지민은 직접 그린 동양화를 소개했다. 깜짝 놀랄만한 멋진 작품이었다. 그리고 오나미는 종자(씨앗)기능사 자격증이 있다고 했다. 씨앗을 보고 분꽃, 상추, 녹차 등 다양한 씨앗을 맞추었다. 다른 개그우먼들도 외국어, 명리학 등을 공부했다며 자신의 지식을 뽐냈다.

세상에는 다양한 지식이 존재한다. 자신의 관심사와 경험에 따라 서로 다른 지식과 깊이를 가지고 있다. 이러한 지식을 서로 나누어 보면 어떨까? 나는 사회복지를 전공했고 진로와 리더십, 학습코칭에 대한 강의 경험이 있다. 이 외에도 그림책에 대한 지식, 자전거 타기, 간단한 기타 코드로 연주하기, 팟캐스트 제작, 별자리 보는 법, 수제 필통 만들기 등을 할 수 있다. 이러한 지식은 내가 알려줄 수 있다. 반면 김치 담그기, 동태탕 끓이기, 물건 정리법, 식물 잘 키우는 방법, 회사 운영과 관련한 세무 노하우 등은 알고 싶은 지식이다.

시장에서 물품을 거래하듯 지식을 나누어 보는 활동이 있다. 바로 'LETS'라는 프로그램이다. LETS는 'LOCAL ENERGY TRADING SYSTEM'의 앞글자를 딴 말이다. 서로 다른 영역의 사람들이 만나 배우고 싶은 것을 알려주고 소통하는 활동이다. 가르치는 사람과 배우는 사람이 만나 지식을 교류한다. 15분~20분 정도 짧은 시간 진행되지만 실용적인 내용이 오고 간다.

현장에서 LETS를 진행하다 보면 '알려 줄 수 있는 것'에 대한 부담감을 느끼는 경우를 종종 마주한다. 가르치는 일은 전문적인 지식을 갖춘 사람만 할 수 있다고 생각한다. 하지만 누구나 경험을 나눌 수 있다. 사소한 것도 누군가에게는 실용적인 배움이 된다.

또 다른 어려움은 '알려 줄 수 있는 것'을 적어보라고 했을 때 막상 떠오르는 것이 없는 경우이다. 이런 순간에 그림 카드를 활용해 보는 것이 도움이 된다. 그림 카드를 보면서 잠재되어 있던 다양한 소재를 떠올릴 수 있다. 또한 이미지와 함께 내용을 소개하니 시각적인 전달력도 높일 수 있다.

■■■■■ '도란도란 LETS' 활동 방법

1) 그림 카드를 잘 보이게 펼쳐둔다.
2) 알려줄 수 있는 것 3가지 정도를 그림 카드에서 고른다. 다음 그림과 같이 카드 아래 포스트잇을 붙여 강좌에 관한 소개를 한다. 이때 작성자의 이름도 함께 적는다.
3) 작성한 것을 벽면에 붙인다.
4) 배우고 싶은 주제에 투표한다.
5) 가령 4개의 장소(A, B, C, D)에서 2번의 수업을 연다면 아래와 같이 '배움 나눔터 시간표'를 구성할 수 있다. 많은 사람들이 선택한 강좌를 개설하여 시간표를 완성한다.

	A	B	C	D
1교시 (15분)	코디노하우	하루5분 생활운동	꿀잠 자는법	아이돌 포인트댄스
2교시 (15분)	깔끔쏙쏙 노트정리법	남친여친 마음을 사로잡는 선물	혼자서도 잘 노는법	캐릭터 그리는 방법

6) 배움 나눔터 시간표에 따라 강좌를 개설하고 관심 있는 주제별로 15분~20분 정도 알려주고 배운다. 시간별로 1개의 강좌를 선택해 참여한다.

7) 모든 활동이 끝나면 전체가 모여 강좌별로 교류된 정보를 간단히 나눈다.

활동 사례

○ 마음의 선물 전하기 ○

마음 약방 : 마음, 어디가 어떻게 아프세요?
오늘 하루 힘드셨어도 당신의 마음에
작은 위로를 드립니다.

몇 해 전 봄날이었다. 좋아하는 작가 전시회를 보러 가기 위해 들렀던 구 서울의 시청역 청사 지하에서 새로운 자판기 한 대를 발견했다. 자판기의 이름은 '마음 약방.' 고단한 마음 증상으로 꿈 소멸증, 외톨이 바이러스, 유행성 스마트폰 중독, 분노조절장치 실종, 급성 연애세포 소멸증, 사람멀미증, 의욕상실증, 현실도피증, 마음 요요현상, 후천성 실어증, 상실 후유증, 긴장불안 증후군, 가족 남남 신드롬, 인생 낙오 증후군, 노화 자각증상이 설명되어 있었다. 그리고 직접 증상에 맞는 약을 선택할 수 있었다.

당시 마음고생이 심한 친구에게 선물하려고 마음 자판기 앞에 섰다. 하지만 필요했던 약 처방은 이미 매진. 다시 자판기 안을 자세히 들여다보니 예민성 경쟁 과다, 미래 막막증, 월요병 말기, 습관성 만성피로, 자존감 바닥 등도 이미 다 팔려 살 수 없었다.

> "시대마다 그 시대의 고유한 주요 질병이 있다. 21세기의 시작은 신경증적이라고 규정할 수 있으며 신경성 질환인 우울증, 주의력결핍과잉행동장애, 경계성성격장애, 소진증후군 등이 21세기 초의 병리학적 상황을 지배하고 있다. 이들은 전염성 질병이 아니며 면역학적 타자의 부정성이 아니라 긍정성의 과잉으로 인한 질병인 것이다. 아무것도 불가능하지 않다는 성과주의 사회에서 아무것도 가능하지 않다는 우울한 개인의 한탄이 만연하고 있다." — 한병철의 『피로사회』 중에서

의학기술의 발달로 평균수명은 해마다 늘어나고 있다. 이에 따라 100세 시대의 교육, 정년, 복지 등 국가정책들의 필요성이 함께 이야기되고 있다. 우리는 철학자의 책장을 넘기지 않더라도 바로 지금 마음 질병에 대한 우려를 느끼게 된다.

마음 건강, 어떻게 지켜나갈 수 있을까? 1958년 미국의 정신의학자 해리 할로우 박사는 한 가지 실험을 진행했다. 실험의 제목은 '새끼 원숭이와 두 개의 가짜 엄마 실험'이다. 우유를 주지만 철사로 만들어진 엄마 원숭이 인형과 우유는 주지 않지만 부드러운 수건으로 만들어진

엄마 원숭이 인형 중 어느 것을 선호하는지 살펴보는 실험이다. 결과는 새끼 원숭이가 언제든지 먹을 수 있는 젖이 나오는 철사엄마 원숭이보다 포근하게 안길 수 있는 털엄마 원숭이 인형과 많은 시간을 함께했다. 이로써 해리 할로우 박사는 건강한 정신적, 인지적, 사회적 발달에 따뜻한 접촉이 꼭 필요하다는 것을 밝혀냈다. 지금 우리에게 필요한 것도 서로의 마음을 따뜻하게 감싸 주고 위로해 주는 처방이다.

소중한 사람과 따뜻한 마음을 주고받을 수 있는 좋은 방법 한 가지를 소개해 본다.

━━━━━ '마음의 선물 전하기' 활동 방법

1) 도란도란 카드를 책상에 잘 보이게 펼쳐놓는다.

2) 여러 장의 카드 중 자신의 고민을 표현한 카드를 고른다.

3) 한 명이 먼저 자신의 고민 카드를 보여주고 이야기한다.

4) 발표자의 이야기를 잘 듣고 그에게 주고 싶은 마음선물 카드를 한 장 선택한다.

5) 발표자는 자신이 가장 받고 싶은 마음선물 카드를 한 장 고른다.

6) 돌아가면서 모두 자신의 고민을 이야기하고, 마음선물 카드를 주고받는다.

7) 마음선물 카드가 가장 많이 채택된 사람이 '최고의 공감자'가 된다.

수업에서 만난 초등학교 4학년 여학생이 세상에 전하고 싶은 이야기를 글로 남겼다.

'학생들은 학교와 학원에 지치고, 어른들은 회사 일에 지치고, 노인들은 지루한 세상이지만 힘내자. 사람들과 대화 나누고 정을 나누면 세상도 즐겁다.'

세상에는 즐겁고 행복한 일도 많지만 힘들고 지치는 일도 있다. 하지만 우리가 서로 이야기를 나누고 마음을 나눈다면 세상은 훨씬 따뜻하고 즐거움으로 가득해진다. 소중한 사람들에게 마음을 전하는 방법은 여러 가지다. 선물, 꽃다발, 케이크, 상품권, 손편지 등 심지어 SNS로 선물 아이템이나 쿠폰을 보내기도 한다. 하지만 서로의 눈을 마주 보고, 이야기를 들어주며, 그림 카드로 마음의 선물을 전해보면 어떨까.

○ 함께 만드는 감정 사전 ○

우리 내면에는 다양한 감정이 존재한다. 기쁨, 즐거움, 자유로움 등 긍정적인 감정과 슬픔, 우울, 화, 미움, 부끄러움 등 부정적인 감정도 있다. 모든 감정은 자연스럽다. 자신의 감정을 알아채는 것은 자기를 이해하는 중요한 지표이다. 내가 어떤 것에 즐거움을 느끼고, 어떤 상황에 화를 내는지 객관적으로 바라봄으로써 나를 알게 된다.

도란도란 카드를 통해 다양한 감정을 표현하고 참가자 사이에서 이해받는 경험을 해 보자. 감정을 다루는 프로그램은 구성원 간에 신뢰가 생겼을 때 진행하는 것이 좋다. 도란도란 카드는 다양한 감정을 담고 있다.

억울함, 좌절, 속상함,　불안, 근심, 걱정, 두려움　두려움, 무서움, 공포
짜증, 분노

먼저 카드로 감정 찾기 연습을 해 보자. 예시로 제시한 카드 중 한 장을 보여주며 어떤 감정이 숨겨져 있는지 함께 찾아본다. 감정 찾기가 어려우면 감정 단어 리스트를 미리 나눠주고 찾아보도록 한다.

분노, 짜증스러움, 미움,
적대감

슬픔, 우울, 감격스러움

기쁨, 설렘, 사랑,
수줍음, 기대감

인정받음, 기쁨, 행복감,
뿌듯함

단호함, 고집스러움, 완
고함

기쁨, 성취감, 뿌듯함, 자
랑스러움, 당당함, 자신감

혼란스러움, 걱정, 갈등,
염려스러움

행복, 기쁨, 즐거움

화, 분노, 짜증, 열받음

갈등, 대립, 답답함　　간절함, 염원, 고요함,　　귀찮음, 게으름, 나태함
　　　　　　　　　　　　평온함

카드 한 장에 담긴 다양한 감정을 발견함으로써 이해의 폭을 넓힐 수 있다. 이렇게 몇 장의 카드로 감정 찾기 연습을 한 후 자신의 감정을 찾아보자.

━━━━ '함께 만드는 감정 사전' 활동 방법

1) 그림 카드를 보고 떠오르는 감정을 찾아본다. '감정 단어 리스트' 를 참고할 수 있다.
2) 가장 대표적인 감정을 정하여 이름, 좋아하는 것, 특성 등 감정 프로필을 만든다.
3) 대표 감정을 '행복'이라고 정했다면 행복한 순간의 얼굴 표정을 캐릭터로 표현해 본다.
4) 내가 언제 행복한 감정을 느끼는지 마음 속 감정 이야기를 쓴다.
5) 감정 프로필과 감정 캐릭터, 마음 속 감정 이야기를 모아 함께 만드는 감정 사전을 완성한다.

○ 금쪽같은 자녀와 그림 카드로 감정 나누기 ○

우리는 자신의 감정에 대해 얼마나 섬세하게 느끼며 또 그 감정을 얼마나 건강하게 표현하고 소통할까? 감정을 나누는 자리에서 참가자들이 자기감정을 표현하는 단어는 고작 몇 단어로 한정되며 그중 많은 참가자는 자신의 감정을 "잘 모르겠다."고 말한다. 비주얼씽킹 도구인 도란도란 카드는 다양한 공간에서 재미있고 유익하게 서로의 감정을 나누고 공감할 수 있다. 특히 자신의 마음을 적당한 어휘와 방법으로 소통하기 힘들어하는 아이는 카드 속 상황을 이야기로 표현하고 주어진 상황에서 느낄 수 있는 감정을 여러 방법으로 표현해 볼 수 있다.

육아 관련 TV 프로그램인 〈금쪽같은 내 새끼〉에서 자녀와 감정을 나누는 도구로 도란도란 카드를 활용한 사례가 있었다. 그림 카드를 활용하면 평소 나누기 어려운 대화도 자연스럽게 나눌 수 있는 장점이 있다. 방송을 통해 소개된 장면은 다음과 같다. 아이가 선택한 그림 카드를 보고 다음과 같은 대화를 이어나간다.

엄마 : 이 아이의 마음은 어떨 것 같아?

아이 : 무서울 것 같아요.

엄마 : 왜 무서울 것 같아?

아이: 높은 곳에 있으니까요.

엄마: 00은 어떨 때 이런 무서운 마음이 들어?

엄마는 아이와 이야기를 나누며 좀 더 확장된 이야기를 이어간다. 00은 그림 속 아이처럼 무서운 마음이 들 때 엄마가 어떻게 해주길 바래? 또 "00은 잘 할 수 있어." "높은 곳에서 떨어져도 엄마가 아래에서 안전하게 받쳐 줄 테니 걱정하지 마." 중에서 어떤 말을 듣고 싶은지 물어본다. 아이의 선택은 두 번 째. 잘하지는 못해도 "괜찮다."는 말을 듣고 싶었던 아이와 아이의 말에 나지막히 "그랬구나"하며 엄마는 고개를 끄덕인다. 다음의 방법을 통해 아이와의 공감소통 대화를 진행해 볼 수 있다.

▬▬▬ '그림 카드를 활용한 감정 표현' 활용법

1) 감정과 관련된 그림 카드를 펼쳐놓는다.
2) 여러 가지 상황이 표현된 그림 카드 중 자기감정이 표현된 카드를 고른다.
3) 자신이 선택한 감정 카드와 관련한 이야기를 나눈다.
4) 그림 카드 이야기에 자신의 마음을 자연스럽게 표현한다.
5) 이야기 속 아이의 마음에 공감하며 응원한다.

출처: TV 채널A '금쪽같은 내새끼' 중에서

◦ 도란도란 경청 게임 ◦

한 강의장에서 이뤄진 돌발 질문이다.

"여러분들, 자신의 입이 아름답다고 생각되면 손을 들어 보세요."
"귀가 아름답다고 생각하는 분 손들어 보세요." 사람들은 여기저기서
손을 들었다. 다른 신체 부위도 많은데 입과 귀만 물어봤을까? 강사는
말을 이어 갔다.

"제가 처음 상담을 시작했을 때는 내담자에게 조언을 많이 해 주는
것이 좋다고 생각했어요. 그런데 상담을 진행하면서 보니, 그것은 결과
적으로 그들에게 별로 도움 되지 않았어요. 내담자들은 자신의 이야기
를 누군가가 들어주고 공감해 주길 바라고 있던 거예요."라며 이야기
를 했다.

그렇다. 경청은 누군가의 고민을 들어 주거나 상대의 마음을 읽어 주고 위로하는 듣기 방법이다. 경청이란 상대의 말을 잘 들어주는 것뿐만 아니라 상대방이 말한 의도를 이해하고 공감하는 것이다.

현대 사회는 매우 **빠르고** 바쁘다. 일상에서 내 이야기만 하고 상대방 이야기에 귀 기울이려 하지 않는다. 그래서 소통에 장애가 생기고 대화가 되지 않는 것이다. 그러면서도 누군가 내 이야기를 들어주길 바란다. 그림 카드를 이용하여 재미있는 방식으로 경청 훈련을 해보자.

■■■■■ '도란도란 경청게임' 활동 방법

1) 3~6명이 한 모둠을 만들고 순서를 정한다.

2) 카드를 보이지 않게 뒤집어 놓고 한 사람당 2장의 카드를 뽑는다. 2장으로 짧은 이야기를 만들고 얘기한다.

3) 이야기가 끝난 카드는 뒤집어 놓는다.

4) 이야기를 듣는 사람들은 상대방의 이야기와 카드 그림을 잘 기억한다.

5) 같은 과정을 2~3회 정도 진행한다.

6) 모아둔 카드를 뒤집어 섞는다.

7) 정해진 순서에 따라 내가 만든 이야기를 제외한 다른 사람이 만든 이야기 카드 2장을 찾아 그대로 말한다.

8) 이야기를 만든 사람이 맞다고 인정하면 카드 2장을 가지고 온다.

9) 카드를 가장 많이 모은 사람이 '경청왕'이 된다.

조금 더 난이도를 높이고 싶다면 3장의 카드로 이야기를 만들 수 있다. 기억해야 할 카드 장수를 늘려가도 된다. 이 게임을 통해 자연스럽게 상대방의 이야기를 경청하게 된다. 카드의 그림과 이야기를 함께 기억해야 하므로 기억력 향상에 도움이 된다. 또 어떤 카드를 뽑아도 이야기를 만들 수 있는 스토리텔링의 힘을 기를 수 있다.

활동 사례

"선생님 몰래 휴대폰 만지다가 혼났어요."

"운동을 열심히 하여 국가대표가 되었고 인터뷰를 했어요."

"병에 걸린 동생을 위해 인터넷으로 좋은 치료법을 찾고 있어요."

"스토리텔링대회에서 1등을 하여 칭찬 받았어요."

"그림 그리기를 좋아하던 여자아이였지만 카레이서라는 꿈을 꾸고 있어요."

○ 이야기 원정대 ○

2000년대를 강타한 판타지 영화《반지의 제왕》이 있다. 3시간에 육박하는 상영 시간과 환상적인 그래픽. 3편을 시리즈로 풀어낼 만큼 풍부한 서사. 모든 면에서 기존의 영화와는 차원이 달랐다.

반지의 제왕의 스토리는 이러하다. 악의 군주 사우론은 절대반지를 만들고 이를 통해 중간대륙을 정복하려 한다. 이를 막기 위해 '요정과 인간의 최후 동맹'을 구축하여 사우론의 손에서 절대반지를 베어낸다. 하지만 강력한 절대반지의 유혹에 넘어가 동맹은 파괴된다. 물속으로 사라진 절대반지를 스미골이 갖게 되고 다시 호빗 빌보에게 빼앗기고 만다. 사우론이 절대반지를 되찾으면 세상은 악의 지배를 받게 된다는 것을 알고 절대반지를 파괴하기로 한다. 반지가 만들어진 '운명의 산' 용암 속에 던져 넣기 위한 반지원정대는 멀고도 험난한 여정을 떠난다.

탄탄하고 연계성 있는 이야기 전개와 공감을 일으키는 결말은 좋은

이야기의 필수 요소이다. 악으로부터 세상을 구하기 위해 반지원정대가 떠나는 것처럼 재미있고 흥미로운 스토리를 위해 이야기 원정대를 떠나보는 것은 어떨까? 자신에게 주어진 카드를 활용하여 이야기를 잘 만들어내고 결말을 지을 수 있는 사람이 이야기 원정대의 '이야기 제왕'이 되는 것이다. 반지의 제왕도, 훌륭한 문학 작품들도 스토리 만들기 습작에서부터 시작되지 않았을까.

'이야기 원정대'는 그림 카드를 이용한 역동적인 이야기 게임이다. 같은 개수의 카드로 시작해 이야기를 연결하고 확장하고 마지막 카드로 공감을 일으키는 결말을 만드는 사람이 우승한다. 그림 카드에 특별한 기능을 가진 '조커 카드'가 포함되면 더욱 흥미로워진다.

'앤서니 브라운'이라는 그림책 작가가 있다. 『동물원』, 『고릴라』, 『돼지책』 등 많은 작품을 출판했다. 스토리도 재미있지만 특히 그림이 인상적이다. 그는 그림 속에 재미있는 표식을 곳곳에 숨겨둔다. 바나나, 하트, 곰, 심지어 다른 책의 주인공들도 배경으로 등장한다. 숨은 그림 찾기를 하는 묘미가 있다. 도란도란 카드에도 '꿈별'이라는 보안관 별 모양의 표식을 넣어두었다. 이는 이야기 만들기에서 특별한 기능을 가진다. 도란도란 카드가 아닌 일반 그림 카드라면 별을 붙이거나 다른 표식을 넣어 조커 카드로 활용할 수 있다.

'이야기 원정대' 게임은 전체적인 이야기를 잘 이해하고 자신이 가진 그림 카드로 내용을 연결해야 한다. 그렇기 때문에 경청과 스토리텔링 능력을 재미있게 훈련할 수 있다. 사람들에게 전달되면서 이야기는 계속 바뀌기 때문에 한순간도 방심할 수 없다. 순발력을 발휘하여 자신의 차례에 이야기를 만들어야 한다. 흥미진진한 이야기의 세계. 끝을 알 수 없는 이야기 원정을 떠나보자.

■■■■■■ '이야기 원정대' 활동 방법

1) 1인당 7장의 카드를 무작위로 가지고 온다.

2) 가져온 그림 카드 중 꿈별 카드(조커 카드)가 있는지 확인한다. 꿈별 카드는 자신의 순서가 아니어도 끼어들기가 가능하다.

3) 먼저 시작할 사람을 정한다. 자신의 차례에 내릴 수 있는 카드는 최대 3장이다. 단, 이야기 흐름이 자연스러워야 한다. 참가자들의 과반수 이상이 억지스럽다는 의견이 있으면 새로운 카드를 한 장 더 가져온다.

4) 자신의 순서가 되면 앞의 스토리에 연결하여 최소 1장 이상의 카드를 내야 한다. 이야기를 연결하지 못하면 새로운 카드 한 장을 가져온다.

5) 꿈별 카드가 있다면 자신의 순서가 아니지만 꿈별 카드의 그림을 이용하여 끼어들 수 있다. 추가로 최대 2장까지 카드를 쓸 수 있다. 단, 끼어들기를 통해 이야기 결말을 지을 수 없다.

6) 카드를 가장 빨리 없앤 사람이 이야기 제왕이 되어 승리한다. 이야기 제왕의 소원을 들어주기를 통해 게임의 재미를 더할 수 있다.

○ 도란도란 마피아 게임 ○

"아니야! 난 무고한 시민이라고." 미치고 펄쩍 뛸 노릇이다. "처음부터 이상했어! 도둑이 제 발 저리다고 다른 사람을 마피아라고 몰고 가고 있잖아." 이 풍경을 보고 있던 친구는 조용한 친구를 보며 말한다. "너 왜 이렇게 조용해! 얘가 마피아야!!" 게임 진행에 따라 범인을 지목하는 밤이 지나고 무고한 시민 한 명이 희생된다. "내가 아니라고 했잖아!" "뭐야! 소~~름! 그럼 누가 마피아야?" 친구들끼리 모여 마피아 게임을 하다 보면 시간 가는 줄 모르고 빠져든다.

시민 행세를 하는 마피아를 찾아내어 시민의 승리를 끌어내기 위한 심리전이 펼쳐진다. 시간 가는 줄 모르고 재미있게 이 게임에 빠져드는 이유는 무엇일까?

마피아는 시민을 속이고, 시민은 마피아를 찾아야 한다. 서로 상반된 목표를 가지고 있다. 이 속에서 펼쳐지는 심리전은 흥미진진하다. 마피아를 찾아냈을 때의 기쁨과 예상치 못한 사람이 마피아였을 때의 반전은 이 게임의 묘미이다. 그리고 시민과 마피아의 역할은 진행할 때마다 바뀔 수 있다는 점도 매력적이다.

마피아 게임은 마피아를 찾는 재미도 있지만, 사람을 관찰하는 것도 중요한 포인트다. 내가 어떤 행동이나 질문을 했을 때 상대방이 보이는 반응을 보고 추측한다. 이러한 게임적 요소를 활용하여 '도란도란 마피아 게임'을 진행해 보자.

■■■■■■ '도란도란 마피아 게임' 활동 방법

1) 10장의 카드를 준비하여 그림이 보이도록 펼쳐 놓는다.

2) 마피아 한 명을 정하고 그 사람은 마음 속으로 마피아 카드를 정한다.

3) 다른 참가자들은 질문을 통해 마피아 카드를 추측한다. 대답은 〈예〉, 〈아니오〉로 한다.

4) 시민들은 세 번의 질문을 할 수 있다.

5) 모든 질문의 기회가 끝난 후 자신이 추측하는 마피아 카드 번호를 적는다.

6) 마피아를 맞춘 사람이 점수를 얻는다. 아무도 맞추지 못하면 마피아의 승리가 된다.

7) 돌아가면서 마피아가 된다.

도란도란 마피아 게임은 여러 명이 함께 할 때 재미가 극대화된다. 마피아 역할자에게 질문을 하면서 효과적인 질문 방법을 터득하게 된다. 이와 함께 타인을 관찰하는 힘도 키울 수 있다.

○ 텔레파시 게임 ○

TV 예능 프로그램에서 서로 다른 장소에 있는 출연자들에게 미션을
줬다. 지난 방송 중 가장 의미 있었다고 생각하는 장소에 다 함께 모이
는 것이다. 다른 통신수단이 아닌 텔레파시만 의존하여 미션을 완수해
야 했다. 방송을 보면서 미션이 성공할까 궁금했다.

"어쩜 그렇게 내 마음을 모를까?"
"너가 말을 안 하는데 어떻게 네 마음을 알 수 있니?"
"우리 사이에 꼭 말을 해야 알아?"

사랑하는 남녀 사이, 부모와 자녀 사이, 친구와 친구 사이 이런저런
관계로 연결된 우리는 늘 소통의 중요성을 이야기 한다. 남녀 사이에

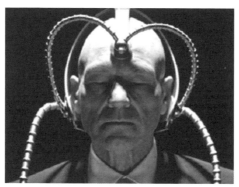

영화 <엑스맨>에서 프로페서 X로 불리는 찰스 박사는 전신이 마비됐지만 텔레파시로
인간의 마음을 읽고 조종할 수 있다.

서 의사소통의 어려움을 이야기할 때 '화성에서 온 남자 금성에서 온 여자'라는 말로 빗대어 이야기한다. 사춘기를 맞은 자녀와 부모의 대화는 롤러코스터를 타는 기분이라고까지 표현한다. 하지만 소통에서 가장 중요한 것은 대화하려는 진심 어린 의지와 공감 능력이다. 소중한 사람들과의 소통이 텔레파시로 가능하게 된다면 어떨까?

오감을 사용하지 않고 생각이나 감정을 주고받을 수 있는 텔레파시. 텔레파시라고 하면 영화나 공상과학 소설 등에 나오는 이야기라고 생각하기 쉽다. 하지만 여러 과학자의 다년간 실험을 통해 텔레파시가 과학으로 입증되었다. 미항공우주국(NASA)에서는 우주 조종사들에게 텔레파시 훈련을 적용하여 우주에서 통신 수단 두절 시 서로 교신하는 방법을 연구하기도 한다.

말을 하지 않고도 자신의 생각과 마음을 전할 수 있는 방법이 현실화 된다면 어떤 일이 생길까? 미래의 상상 속 세상을 준비하며 텔레파시 능력을 키울 수 있는 게임을 소개해 본다.

━━━━━ '텔레파시 게임' 활동 방법

1) 그림 카드를 그림이 보이지 않게 쌓아 둔다.
2) 처음 시작하는 사람이 쌓아둔 카드 더미에서 한 장을 고른다.
3) 선택한 카드를 보면서 떠오른 단어를 활동지에 적는다.
4) 나머지 사람들도 동일한 카드를 보고 연상되는 단어를 활동지에 적는다.

5) 처음 시작한 사람과 정답 단어를 비교하여 점수를 계산한다.

6) 점수 계산법 : 같은 단어가 있을 경우 1점. 같은 단어가 같은 순번이면 3점, 같은 단어가 없을 때는 0점이다. 나온 점수를 합산한다.

	너 마음		내 마음	점수
7	케익	7	선물	1
6	초	6	케이크	1
5	친구	5	친구 ★	3
4	풍선	4	고깔모자	0
3	폭죽	3	음악	0
2	선물	2	생일	1
1	생일	1	초	1
	점수 합			7

3부

비주얼씽킹
토론 레시피

1장
비경쟁
스토리텔링
토론

◦ 그림 카드로 초등 저학년 독서토론하기 ◦

"선생님 저요!"

손을 들고 '저요!'를 외치는 아이들 소리와 에너지로 가득한 초등 저학년 독서토론 시간이다.

'독서토론'이라 하면 같은 책을 읽고, 의견이 다른 논제에 대해 자기 생각을 말하거나 따지고 의논하는 것이라고 정의한다. 즉 자신의 의견을 타당하게 주장하고 근거를 제시할 수 있어야 한다고 생각한다. 일반적으로 초등 저학년의 독서토론은 진행이 어렵다고 말한다. 그러나 초등 저학년도 충분히 독서토론이 가능하다. 저학년 아이들 역시 책을 읽고, 자신의 감정과 생각을 이야기할 수 있기 때문이다. 저학년 연령대에 맞는 생각과 느낌을 자신의 언어로 이야기 할 수 있다.

같은 책을 읽고 다양한 의견을 이야기 하고, 자신과 다른 의견을 경청하는 것만으로도 사고의 영역은 확장된다. 그뿐 아니라 상대를 이해하는 폭이 넓어지며 타인을 인정하게 된다.

초등 저학년 독서토론은 다양한 방법 중 주로 비경쟁 독서토론으로 진행된다. 비경쟁 독서토론은 경쟁이 아닌 모두가 참여하는 형태이다. 찬성과 반대로 입장을 나누지 않으며 승패를 결정하지 않는다. 책을 함께 읽고 자신의 느낌을 이야기하고, 책을 읽으며 품게 되는 다양한 질문을 나눈다. 질문 중 이야기 나누고 싶은 것을 토론하고 성찰하는 순서로 진행한다. 때로는 교사나 사회자가 질문이나 논제를 발췌하여 이끌어간다. 아이들은 비경쟁 토론을 통해 다양한 생각과 느낌을 이야기할 수 있다. 초등 저학년 독서토론 시 자기 생각과 느낌을 더 풍성하게 이야기할 수 있도록 그림 카드를 활용해보면 어떨까.

그림 카드를 통해 책을 읽은 자신의 느낌을 좀 더 구체적으로 드러낼 수 있다. 또 생각을 함축적으로 정리하고 창조적으로 시각화할 수 있도록 도와준다.

━━━━ '비경쟁 스토리텔링 토론' 활동 방법

1) 선정도서를 함께 읽는다.
2) 읽고 난 후 느낌을 그림 카드 1장을 선택하여 이야기한다.
3) 논제에 대해 의견을 그림 카드에서 선택한 후 모둠 토론을 한다.

4) 토론활동을 마친 후 그림 카드를 선택해 소감을 발표한다.

━━━━━ 활동 사례

대상: 초등학교 1,2학년

선정도서: 『깜박 깜박 도깨비』(권문희 지음, 사계절출판사)

1) '깜박 깜박 도깨비'를 아이들에게 읽어주었다.
2) 읽고 난 후 주인공 도깨비에 대한 생각을 그림 카드 1장으로 이야
   기해 보았다.

"깜박 깜박 도깨비가 엄마한테 혼나겠구나." 김성원, 초등 2

"깜박 깜박 도깨비가 무서운 선생님을 만나 훈련받아야겠어
요." 김성원, 초등 2

"깜박 깜박 도깨비가 돈을 아꼈으면 좋겠어요." 한효민, 초등1

3) 논제1: 자신이 생각하는 '우정'이 무엇이라고 생각하는지 그림 카드를 1장 골라 토론해 보았다.

"우정은 진주를 2개 찾아서 하나는 친구에게 주는 것이에요. 나의 소중한 것을 아까워하지 않고 나눠주는 것이 우정이에요." 한효민, 초등1

4) 논제2: '깜박 깜박 도깨비'에게 배울 점이 무엇이라고 생각하는지 토론해보았다.

"깜박 깜박 도깨비의 약속을 잘 지키는 모습을 닮고 싶어요." 김남효, 초등2

"매일매일 빠짐없이 찾아 온 도깨비의 부지런함을 배우고 싶어요." 한지원, 초등 2

○ 그림 카드 PMI 토론 ○

나는 정기적으로 신장 병원에서 정기검진을 받아야 하는 신장병 환자다. 2013년 9월 즈음, 의사 선생님의 권유로 스테로이드를 8알씩 먹기로 했다. 스테로이드를 먹으면 부작용이 많다는 이야기를 들은 적이 있었다. 그래서인지 스테로이드를 권하는 선생님께 거부감을 드러냈다. 의사 선생님은 스테로이드에 대한 설명을 자세히 해 주셨다.

"스테로이드는 신비의 약이라고 할 수 있을 정도로 효과가 탁월해요. 염증 부위를 낫게 할 수 있는 유일한 약일 거예요. 하지만 9개월 이상 먹게 되면 모든 면역체계가 다 흐트러집니다. 면역력에 취약해져서 감기에도 죽을 수 있죠. 환자가 걱정하는 부분이 어떤 건지 잘 압니다. 스테로이드에 대해 잘 알고 복용하면 이보다 좋은 건 없습니다. 상태를 봐 가면서 6~9개월만 먹읍시다."

이 신비의 약으로 나의 신장염은 눈에 띄게 좋아졌다.

얼마 전 포켓몬고가 폭발적인 인기를 끌었다. 우리 집 앞 공원에 이렇게 사람이 많았던 적이 없었다. 나이든 어르신들의 운동코스일 정도였다. 아들과 포켓몬고를 잡으러 공원에 갔을 때 내 눈을 의심했다. 누군가 하늘에서 사람들을 쏟아부어 놓은 것 같은 착각이 들 정도였다. 4살짜리 꼬맹이부터 70대 할머니까지 연령대도 다양했다. 남녀노소 모두가 즐길 수 있는 게임을 개발한 사람이 경이롭게 느껴진다. 손주와 할머니가 함께 즐길 수 있는 일들이 흔하지 않기 때문이다.

겨울이라고 방구석에만 있는 아이들이 밖에서 걷는 것만 봐도 행복하다고 말하는 엄마들도 흔히 볼 수 있다. 포켓몬고는 걷기 운동, 세대 공감, 삶의 재미까지 주는 효과 좋은 약이 되어 주기도 한다. 하지만 우리 아들은 꿈속에서도 포켓몬고를 했다고 한다. 또 일요일이면 포켓몬고 할 생각에 행복해서 밤을 설치는 날도 있다. 아들 친구는 일주일에 5000원씩 포켓몬볼을 사는 데 쓴다고 한다. 이제 겨우 초등학교 3학년이 한 달에 2만 원을 게임에 쓰고 있는 것이다. 게임에서 제일 무서운 중독 증세를 보인다.

스테로이드나 포켓몬고 게임처럼 우리는 사물의 두 얼굴을 볼 때가 있다. 과유불급(過猶不及), 적당한 사용은 약이 되지만, 과하면 독이 된다. 모든 사물이 정도를 지나치면 미치지 못한 것과 같다. 살면서 중용을 지키기란 어렵다. 친절함과 단호함, 관심과 간섭, 일과 쉼, 돈과 명예 등 우리의 삶 속에서 중용을 지키려 하지만 어려울 때가 많다. 사물의 약이 되는 이유와 독이 되는 이유를 알게 되고 그에 따른 대처방안을 모색한다면 한 쪽으로 치우치는 것은 막을 수 있다.

어떤 문제의 긍정적인 면과 부정적인 면을 모두 생각해 볼 수 있는 PMI 토론 방식이 있다. 긍정적인 면 플러스(Plus)와 부정적인 면 마이너스(Minus)를 함께 찾아보는 것이다. 단점을 보완할 수 있는 대처방안(Interesting)을 생각해 본다. PMI 토론을 하면 장점과 단점을 모두 찾게 되면서 균형적인 사고를 할 수 있다. PMI 토론을 할 때 그림 카드를 활용하면 효과적이다.

▬▬▬ '그림 카드 PMI 토론' 활동 방법

1) 그림 카드 한 장을 뽑는다.

2) 뽑힌 카드 그림의 장점과 단점에 대해 생각해 본다.

3) 장점과 단점의 양면성에 대해 발표하고 문제의 대처방안을 논의
   한다.

▬▬▬ 활동 사례

1) 운동의 양면성

장점	단점	대처방안
살을 빼준다. 폐활량을 늘려준다. 세균과 바이러스를 쉽게 이겨낼 수 있다. 엔도르핀이 나와서 즐겁다. 긴장감을 해소시켜준다. 순발력을 높여준다. 체력을 증진시켜준다.	피로감을 느낀다. 근육경련이 일어난다. 염좌나 골절 등 다칠 위험이 있다	나의 체력측정을 한다. 나에게 맞는 운동을 한다.

2) 돈의 양면성

장점	단점	대처방안
내가 원하는 것을 살 수 있다. 의식주가 해결된다. 여가생활을 즐길 수 있다. 어려운 이웃을 도울 수 있다.	돈의 쓰임새가 커져서 형편이 어려워지면 헤어 나오기 쉽지 않다. 돈으로 살 수 없는 것을 이해하기 어렵다. 나쁜 친구들에게 협박당할 위험이 있다.	불편함 없을 정도의 돈만 갖는다. 함께 잘 사는 세상을 위해 기부한다.

3) 상(常)의 양면성

장점	단점	대처방안
목표가 뚜렷해서 열심히 하게된다. 내향적인 친구도 용기를 낼 수 있다 의욕이 불타오른다.	결과중심이 되어 상을 받기 위한 목표를 세운다. 보상이 없으면 하지 않는다. 경쟁심이 과해져 친구 관계가 멀어진다.	과정중심의 보상을 해 준다. 과한 상은 주지 않는다.

○ 미덕 찾기 성품 토론 ○

올해 65살의 나이를 뛰어넘은 파워블로거 할아버지. 그의 닉네임은 '스머프할배'다. 스머프할배는 매일 요리를 하고 블로그에 글을 쓴다. 요리 포스팅이 무려 2,000개가 넘는다. 인터넷과 책을 통해 혼자 요리를 배우셨다고 한다. 10년 전에 라면밖에 끓이지 못했던 할아버지는 한 사람을 위해 요리하기 시작했다. 바로 할아버지의 어머니. 이 어머니는 치매와 암으로 1년밖에 살지 못한다는 선고를 받았다. 하지만 할아버지의 정성으로 10년 넘게 더 사시면서 93세 생일도 맞았다. 어머니에 대한 헌신적인 사랑으로 가능한 일이다. 이처럼 우리 주변에는 훌륭한 미덕을 가진 사람들이 많다.

사랑 : 주변에서 급한 환자를 위해 자신의 헌혈증을 아낌없이 나눠주는 것
배려 : 노상에서 장사하는 할머니에게 우산을 전해주는 일
도움 : 폐지로 가득한 수레 끄는 할아버지를 위해 기꺼이 돕는 태도
이상 품기 : 생계가 어렵지만 끊임없이 꿈을 위해 도전하는 청년의 모습

'미덕(美德)'은 아름답고 갸륵한 덕행이라는 뜻을 갖고 있다. 많은 사람들이 세상을 살아가기가 점점 더 힘들다고 말한다. 사회적으로 만연한 이기주의와 부정, 부패, 사건, 사고 등. 하지만 세상을 따뜻한 눈으로 자세히 들여다보면 아름다운 이야기들을 어렵지 않게 찾아 볼 수 있

다. 그것은 바로 우리들 마음 안에 자신만의 미덕이 반짝이고 있기 때문이다. 그림 카드를 이용해 그 소중한 미덕을 찾아보자.

━━━━━미덕 찾기 성품 토론 '찾았다! 미덕' 활동 방법

1) 그림 카드 한 장을 펼쳐놓고 떠오르는 미덕 단어들을 적어본다.
2) 자신이 선정한 미덕을 소개 하고 그 이유를 모둠 구성원들에게 이야기한다.

━━━━━활동 사례

카페에서 일하고 있는 사람

1. 용기 : 여러 사람을 만나는 일을 하려면 용기가 필요할 것 같다.
2. 창의성 : 카페에 가면 여러 가지 새로운 음료수들이 많은데 그런 음료수들을 처음 만들어 내는 사람들은 창의성이 필요하다.
3. 인내 : 카페 일에도 여러 가지 힘든 일이 많을 테니 인내심이 꼭 필

요하다.

4. 정돈 : 사람들의 먹거리를 다루는 일이니 정리 정돈이 기본이다.

5. 한결같음 : 손님들에게 한결같이 친절을 베풀어야 한다.

6. 친절 : 웃으며 인사해야 한다.

7. 감사 : 돈을 벌 수 있어서 감사하다.

8. 예의 : 일하는 사람과 손님 모두 예의를 갖추어야 한다.

━━━━━ 미덕 찾기 성품 토론 '이럴 땐 이런 미덕' 활동 방법

1) 한 가지 미덕의 단어를 정한다.

2) 선택한 미덕이 필요한 상황을 그림카드에서 고른다.

3) 자신이 고른 그림 카드와 미덕의 낱말을 연결하여 소개한다.

━━━━━ 활동 사례

미덕 단어 : 용기

사랑하는 사람에게 고백할 때에는 용기가 필요하다.

길게 기르고 있는 앞머리를 자르고 싶은데 용기를 내기가 어렵다.

다툰 친구와 다시 사이좋게 지내기 위해 먼저 다가가고 싶은데 용기가 없다.

친구와 함께 밥을 먹으러 갈 때 내가 먹고 싶은 음식을 먹으러 가자고 말하는 게 쉽지 않은데 용기를 내보아야겠다.

부모님께 꾸중들을 일을 한 것이 있는데 솔직히 이야기 할지 그냥 넘어갈지 용기가 나지 않는다.

○ 질문을 만드는 하브루타 토론 ○

유대인의 교육 중 하브루타(Havruta)가 있다. 짝을 지어 질문하고 대화하고 토론하는 것이다. 좀 더 쉽게 말하면 친구와 질문을 주고받으며 이야기 나누는 활동이다. 하브루타의 원래 뜻은 '친구, 짝, 파트너'라는 뜻의 '하베르'에서 유래하였다. 유대인은 탈무드를 공부할 때 둘씩 짝지어 질문하고 대답하면서 대화, 토론하는 문화가 수천 년간 지속하여 왔다. 최근 유대인의 공부법 하브루타를 소개하는 책이 많이 출간되었다.

'좋은 질문을 던지는 사람이 리더가 된다.'는 말이 있다. 의문을 갖고 질문하는 것은 자기만의 생각을 갖는 중요한 방식이다. 유대인은 '100명이 있다면 100개의 대답이 있다'고 말한다. 질문은 단 하나의 답을 갖지 않는다. 선생님이나 부모님 누구도 답을 갖고 있지 않다. 어른이나 아이 모두 동등한 관계를 갖고 있으며 진실을 추구하기 위해 서로 질문한다.

어려운 주제의 하브루타가 아닌 가볍고 편안한 토론으로 서로를 알아갈 수 있다. 먼저 둘씩 짝을 지어 본다. 처음 만난 사이라고 하면 서로 알아가는 짝 토론을 해 볼 수 있다. 포스트잇에 각자 좋아하는 3개의 단어를 적어 본다. '내가 좋아하는 음식, 동물, 색깔'을 각각 하나씩 적은 후 상대방과 이야기를 나누는 것이다. 먼저 왼쪽의 친구가 오른편의 친구에게 질문한다. 질문하는 사람은 계속 질문하고, 답변하는 사람은 계속 답변한다. 제한 시간을 두면 좋다. 약 3분간 질문자는 계속 질문만 한다.

예를 들어 '라면, 고양이, 초록'이라고 쓴 친구에게 질문을 한다고 해 보자.

- 어떤 라면 좋아해?
- 라면을 언제 혼자 끓여봤어?
- 라면에 뭐 넣어서 끓여?
- 고양이 키운 적 있어?
- 고양이 말고 강아지는 별로 안 좋아해?
- 언제부터 고양이를 좋아하게 되었는데?
- 너가 갖고 있는 초록색 물건이 뭐야?
- 초록색은 어떤 느낌이 드는 것 같아?

시간이 끝날 때까지 가벼운 질문과 대답을 이어 나간다. 다 끝난 다음에는 순서를 바꾸어 같은 방식으로 진행한다. 사실 하브루타는 질문 훈련에 가깝다. 질문을 많이 던지면서 뇌에 충돌을 일으킨다. 세상 모든 것에 질문이 있게 만든다. 우리의 뇌는 질문을 했을 때 반사적으로 대답을 하고자 한다. 스티브 잡스도 끊임없이 스스로 질문하면서 아이폰이나 맥북 등을 만들어 냈다고 한다. 훌륭한 질문, 좋은 질문을 하기 위해서는 질문 만들기 훈련이 필요하다. '어린 왕자'에 나온 구절로 10

개의 질문 만들기를 해보았다.

> "너희들은 아름다워. 하지만 너희들은 비어 있어. 아무도 너희들을 위해 죽을 수 없을 테니까. 물론 나의 꽃인 내 장미도 멋모르는 행인은 너희들과 비슷하다고 생각할거야. 하지만 내겐 그 꽃 하나만으로도 너희들 전부보다 더 소중해. 내가 물을 준 것은 그 꽃이기 때문이야. 내가 유리덮개를 씌어준 건 그 꽃이기 때문이야. 내가 바람막이로 바람을 막아준 건 그 꽃이기 때문이야. 내가 불평을 들어주고 허풍을 들어주고 때로는 심지어 침묵까지 들어준 내 꽃이기 때문이야. 나의 장미이기 때문이야."
>
> ─ 『어린왕자』 p.166, 책이있는마을

위 문장으로 만든 질문 리스트다.

1) 아름다움은 무엇일까?

2) 나에게 소중한 사람 혹은 물건은 무엇인가?

3) 아름답지만 비어 있다는 건 무슨 뜻일까?

4) 장미꽃의 가시는 어떤 의미일까?

5) 나에게 있어서 바람막이 혹은 유리덮개는 무엇인가?

6) 의미 있는 관계가 되기 위해서는 어떻게 해야 할까?

7) 나는 누군가를 위해 죽을 수 있을까?

8) 나의 불평을 들어주는 사람은 누구인가?

9) 정성들여 뭔가를 키워본 적이 있는가?

10) 위 글에서 행인은 무슨 뜻일까?

■■■■■■ '질문을 만드는 하브루타 토론' 활동 방법

1) 그림 카드를 무작위로 한 장 고른다.

2) 그림을 보면서 질문을 만든다.

3) 옆 사람의 질문에 대답한다.

4) 역할을 바꾸어 진행한다.

■■■■■■ 활동 사례

1) 새장 안의 새와 바깥의 새 중 어떤 새가 좋아 보여?

2) 너는 어떤 새로 살고 싶어?

3) 만약에 새장을 만든다면 어떤 새장을 만들고 싶어?

4) 새를 키운다면 어떤 새를 키우고 싶어?

5) 새가 가진 이미지는 무엇일까?

6) 만약 하늘을 난다면 무엇이 되고 싶어?

7) 새장 바깥에 있는 새는 새장 안에 있는 새에게 뭐라고 말하고 싶을까?

8) 새들은 언제 행복할까?

9) 왜 사람들은 애완동물을 키울까?

10) 너가 직접 키워본 적 있는 애완동물은 무엇이니?

그림 카드 하브루타 토론은 2인이 해도 되고 여러 사람이 함께해도 된다. 질문을 통해 더욱 자기 생각이 넓어진다. 처음에는 질문 만들기가 어렵게 느껴질 수 있다. 5개, 10개, 20개, 30개 점점 늘려나가면서 다방면으로 생각하는 훈련에 익숙해져야 한다. 눈에 보이는 그대로가 아니라 항상 뒤집어 보고, 거꾸로 보는 연습이다. 사고의 확장은 연습으로 가능하다. 하브루타는 서로 질문을 하면서 논쟁하며 싸우는 게 목적이 아니다. 의미를 파악하고 서로 다름을 인정하고 이해하기 위한 과정이다. 상대방의 생각을 듣는 시간이다.

○ 그림 한 장으로 다양한 이야기 만들기 ○

"침대는 가구가 아닙니다. 과학입니다!"라는 독특하면서도 강렬한 카피 한 줄로 마케팅 효과를 크게 본 A사가 있다. 광고 후 A사는 전체 매출 10% 이상 성장했다고 한다. 초등학교 시험문제에 "다음 중 가구가 아닌 것은?"이라는 문제에 답을 '침대'라고 썼다는 일화가 있을 정도로 그 파급효과가 컸다.

광고 카피는 상품 판매나 브랜드 가치를 높여주는 상업적 기능이 많지만, 그것을 넘어서는 특성도 있다. 상품광고와 달리 공익성을 바탕으로 한 공익광고는 사회적 문제를 담고 있다. 흡연, 교통안전, 물 부족, 인터넷 예절, 적정기술 등을 알리는 공익광고는 광고 이상의 가치가 있다. 공익광고는 문제를 해결하는 데 목적이 있다. 사회적으로 바람직한 행동을 끌어내는 힘이 있다.

몇 달 전 광고 문구 공모전에서 수상한 초등학생들의 우수작품을 보았다. 주제는 전통시장과 역사문화시설에 대한 광고였다.

"대관령 가지 말고 명태·황태는 영창상회로", "만원? 들고 와!", "술 드신 아빠 해장국으로 명태가 직빵" 등 재치 있고 창의적인 광고 문구였다. 이렇듯 광고 카피는 무관심한 장소를 총애받는 장소로 탈바꿈시켜주기도 한다.

"니들이 게 맛을 알아?", "그녀의 자전거가 내 가슴 속으로 들어왔다"처럼 10년이 지나도 잊히지 않는 광고를 만들어 보자. 그림 카드를 한 장을 뽑아 카피라이팅을 해 본다.

■■■■■ '광고 카피라이팅' 활동 방법

1) 그림 카드를 한 장 뽑아 관련 상품을 떠올려 본다.
2) 광고 카피라이팅 문구를 만든다.

불을 밝히시오! 불빛은 멀리 있지 않아요. - 더즐거운교육연구소

더 이상 양을 세지 마세요. - 잘자 수면제

갈 길은 멀고 다리는 짧다. - 키높이 구두

희망은 불가능한 것을 이룬다. 그것은 절실히 희망한 사람에게만 나타나는 마음의 별이 있기 때문이다. - 캐릭터 옷

눈보라가 몰아쳐도 흔들리지 않아요. 떨어지지 않아요.
- 강력 본드

두 번째 활동으로 카드 한 장을 뽑아 같은 그림을 보고 서로 다른 이야기를 만들어 보자. 아이들은 같은 카드를 보고 다양한 이야기를 만들 수 있다. 짧은 한 문장에서 모둠별 이어 말하기로 하나의 스토리를 완성해 보아도 좋다. 같은 것을 보고 다른 생각을 할 수 있는 다양성을 경험하게 될 것이다.

━━━━ '같은 그림 다른 이야기' 활동 방법

1) 그림 카드 한 장을 선택한다.
2) 그림을 보고 스토리를 문장으로 말한다.
3) 순서를 정하여 돌아가며 스토리가 막힐 때까지 진행한다.
4) 이야기를 생각하는 시간을 60초로 정한다.

━━━━ 활동 사례

여자 아이가 노래를 너무 못해서 기타 치는 아이가 화났어요.

신성현, 송원초 2

기타소리에 신이 나서 노래를 불렀어요. 한효민, 송죽초 1

너무 늦게까지 노래를 불러서 기타 치는 아이가 졸려요.

엄현빈, 한일초 1

파랑새는 새장에 갇힌 분홍새가 불쌍해서 울어요. 박성준, 한일초 2

새장 안에 있는 분홍새가 새장 밖의 파랑새가 부러워 울고 있어요.

김태희, 수일초 1

분홍새가 파랑새에게 '나 좀 꺼내 줘' 하고 이야기 했어요.

박소율, 송원초 1

파랑새가 괴롭혀서 분홍새는 아직도 새장 안에 있고 싶어해요.

한효민, 송죽초 1

남자 주인공은 맛있는 음식을 먹고 혼자 술에 취해 있어요.

박성준, 한일초 2

자기 음식을 뺏어먹는 오빠를 보고 여자아이는 화가 났어요.

김태희, 수일초 1

다이어트 한다고 음식을 안 먹었는데 친구가 먹는걸 보니 배가 고파요. 이보람,

송정초 2

◦ 마음을 사로잡는 다섯 조각 이야기 ◦

2010년 2월 서울 도심의 거리에서 이루어진 한 실험이다. 실험맨은 지하철 입구에서 거지로 분장한 채 서 있었다. 최대한 불쌍한 표정을 지으면서 돈을 구걸한다. 사람들로 붐비는 지하철에 거지 행색의 실험맨이 지나갈 때 돈을 주는 사람들은 거의 없다. 승객들은 무관심할 뿐, 귀찮다는 듯이 피하기만 한다.

또 다른 한 명의 거지 행색 실험맨. 그는 열차의 입구 끝자리에서 사람들에게 이야기한다. "안녕하십니까! 여러분, 잠시만 제 이야기를 들어주시기 바랍니다. 아내는 얼마 전 아이를 가졌습니다. 정말 행복했습니다. 하지만 그 후 저는 사고로 두 눈을 잃게 되었습니다. 여러분이 조금만 도와주신다면 태어날 제 아이가 올봄에 필 꽃을 볼 수 있을 것입니다. 적은 돈이라도 좋으니 좀 도와주십시오. 간절히 부탁드립니다." 이렇게 말이다.

그의 이야기가 끝나자 사람들은 어떤 반응을 보였을까? 술렁이면서 몇 사람이 주머니에서 돈을 꺼낸다. 옆 사람이 돈을 주는 것을 보고 마음이 동한 또 다른 승객이 지갑을 연다. 거지 행색 실험맨의 스토리텔링은 사람들의 마음을 움직였다.

마음을 움직이는 이야기는 공감을 불러일으키고 사람과 사람을 연결해 준다. 화려한 언변과 실력은 오히려 거부감을 느끼게 한다. 사람은 논리적이고 합리적이지 않다. 말도 안 되는 비논리적이고 황당한 이야기에 마음이 동할 때가 있다. 위의 거지가 구걸하는 데에 활용한 짧은 사례에는 스토리 요소가 담겨 있다. 주인공, 하는 일, 갈등, 해결, 결말이다.

주인공 : 거지

하는 일 : 원래 그는 행복한 가정의 가장

갈등 : 사고로 눈을 잃게 됨

해결 : 사람들의 도움

결말 : 태어나는 아이가 봄을 보게 됨

다섯 조각 이야기는 창조적인 스토리를 만들어나가는 아주 간단한 구조다. 누구나 이야기를 창조할 수 있는 능력을 키울 수 있다. 스토리텔링 능력은 태생적이지 않다. 끊임없는 연습과 훈련으로 가능하다. 어떻게 하면 무궁무진한 스토리텔링 능력을 키울 수 있을까. 바로 다섯 조각 이야기를 혼자 또는 함께 계속 만들어 보면 된다.

다섯 조각 이야기 어떻게 만들어 볼까. 도란도란 카드를 활용하여 스토리텔링의 대가가 될 수 있다. 처음에는 어떻게 이야기를 시작할지 막막하지만 주인공, 배경 등을 이야기하다 보면 자연스럽게 사건이 만들어지고, 나름의 해결방안까지 덧붙이게 된다.

▬▬▬ '다섯 조각 이야기 만들기' 활동 방법

1) 무작위로 다섯 장의 카드를 나눠준다.

2) 먼저 다섯 장 카드 중 '주인공'으로 설정할 인물을 하나 고른다.

3) 그 주인공이 현재 하고 있는 일이 무엇인지 설명해주는 카드를 고른다.

4) 문제 및 갈등 요소를 고른다.

5) 해결방법의 그림을 고른다.

6) 결말 그 이후의 상황을 보여주는 장면으로 마무리한다.

▬▬▬ 활동 사례

아래의 다섯 장 카드로 이야기를 한 번 만들어 보자.

제목은 '타로 점 보고 운명의 짝 만나 결혼한 그녀'

 저는 번번이 남자에게 차이기만 하는 30대 여성이에요. 지금껏 사귄 남자들과 제대로 관계가 이어지지 못하고 매번 실연을 겪었어요. 저에게 무슨 문제가 있는 걸까요? 제대로 결혼이나 할 수 있을까, 제 인생은 실패투성이 같아요.

머릿속에는 고민이 많아요. 천사와 악마가 항상 속삭이는 것 같아요. 악마는 '너 자신을 알라고! 몸매도 그렇고, 얼굴도 그렇고 누가 너랑 사귀고 싶어 하겠니?' 하지만 천사는 '아니야 너는 분명 내면의 아름다움을 발견해 줄 누군가를 만날 거야. 있는 그대로 가치 있는 존재야' 이렇게 말이죠.

마음이 혼란스러웠어요. 자존감도 바닥이었고요. 누구에게라도 말하고 싶었어요. 타로 점을 보러 갔어요. 카드로 제 미래를 점쳐본다는 생각으로 갔는데 그보다는 자신에 대해 객관적으로 이야기해주는 누군가가 필요한 것 같았어요. 상담사에게 제 속 얘기를 털어놨죠. 어느 정도 상담받고 나니 내가 사랑받지 못한 존재라는 생각은 사라졌어요. 그리고 자신감도 생겼죠. 타로 점의 내용도 좋은 방향이었어요.

얼마 있지 않아 직장 동료의 소개로 남자를 만났어요. 대화도 잘 통하는 것 같고, 무엇보다도 그는 제가 경청을 잘하는 여자라고 하면서 따뜻한 모습이 좋다는 거예요. 결혼하기로 마음 먹었고, 결혼 준비도 둘의 합의와 조율로 잘 해결해 나갔어요.

누구도 나를 사랑해주지 않을 거라는 과거의 모습은 온데간데없어졌죠. 사랑하는 사람과 결혼을 했고 2년 만에 예쁜 아기도 낳았습니다. 인생은 결국 자신을 사랑하는 일에서부터 출발하는 것 같아요. 그리고 누군가로부터의 긍정적인 조언은 큰 힘이 되겠죠! 아직 인생의 문제로 타로점을 또 보러 간 적은 없답니다. 이젠 제 자신이 충분히 내면의 힘을 키울 수 있으니까요.

이렇게 다섯 조각 이야기를 만들어 사람들에게 들려주기도 하고 글로 써 보아도 좋다. 어떤 아이디어가 떠오르지 않을 때 카드를 펼쳐 놓고 혼자 해 보아도 재미있다. 의외로 상상력이 샘솟는 기분을 느낄 것이다. 모든 사람의 인생이 바로 이렇게 다섯 조각 이야기가 아닐까.

○ 긍정적 발상의 전환 ○

따르릉~~~ "네, 여보세요?"

"아이쿠, 깜짝이야. 너희 아빠가 받은 줄 알았다."

학창 시절, 전화를 받으면 늘 상대방은 내가 나이 든 남자라고 착각했다. 엄마는 늘 목소리 좀 여성스럽게 내라는 꾸중을 하곤 하셨다. 타고난 목소리를 바꾸려니 얼마나 괴로웠던지…… 전화만 받으면 남의 목소리를 흉내 내곤 했고, 나중에는 아예 전화벨 소리를 피해 다녔다.

전화 목소리뿐만 아니라, 학교에서는 더욱 놀림거리가 되었다. "야야~~ 현희가 말했는데 난 우리 할아버지가 오신 줄 알고 놀랐잖아." 이 말은 들은 친구들은 박장대소하며 즐거워했다. 하지만 난 너무 창피해서 점점 말수가 줄어들었다. 내 목소리 들려주기가 싫었다.

"목소리가 너무 매력적입니다." 내 목소리에 대한 긍정적인 말을 들었을 때 나는 내 생각을 바꾸는 계기가 되었다. 비록 결혼하고 싶은 마음에 남편이 했던 아부성 발언이었지만 나는 그 한마디로 긍정적 생각을 하게 된 것이다. 수많은 목소리 중 내 목소리를 기억해주는 많은 사람이 있다. 내 큰 목소리는 얼굴보다도 더 기억이 잘 난다고 한다. 늘 콤플렉스였던 목소리를 긍정적으로 생각한 순간 우습게도 자신감을 갖게 되었다.

마쓰시타 그룹(현 파나소닉)의 창업자 마쓰시타 고노스케는 직원과의 인터뷰에서 이런 이야기를 한다. "회장님이 성공한 이유는 무엇 때문이라고 생각합니까?"라는 질문에 이렇게 답한다.

"가난한 것, 허약한 것, 배우지 못한 것입니다. 가난했기 때문에 가난이 얼마나 힘든지 알아서 성실하게 살았고, 허약한 체질이어서 건강을 세심하게 챙겼고, 초등학교를 중퇴한 사람이기에 세상 모든 사람이 나의 스승이었습니다."

타고난 단점을 장점으로 바꿀 수 있는 발상의 전환은 긍정의 힘을 준다. 그림 카드를 이용해서 발상의 전환을 해보자.

■■■■■■■ '긍정적 발상의 전환' 활동 방법

1) 나의 단점이라고 생각되는 카드 한 장을 뽑는다.
2) 나의 단점을 긍정적으로 표현해본다.

■■■■■■■ 활동 사례

노는 걸 너무 좋아한다. ➜ 외로운 친구를 도와줄 수 있다.

 화를 잘 낸다. ➡ 화 잘 내는 친구를 이해할 수 있다.

 겁이 많다. ➡ 위험한 행동을 하지 않는다.

 추위를 많이 탄다. ➡ 안아 주고 싶은 충동을 느끼게 해 준다.

　어떤 분야에서든 성공하는 사람들은 공통적인 사고방식이 존재한다. 그중 긍정적 사고방식은 우선순위로 꼽힌다. 긍정적 사고는 꿈을 성취하기 위한 출발점이자 도달과정이다. 나의 인생은 누구도 바꿀 수 없다. 긍정적 자세가 자신을 변화시킬 수 있을 뿐이다.

○ 콜라보레이션 창의적 기법 ○

며칠 전 점심 약속이 있어 블로그에서 맛집을 검색했다. 약속 장소가 있는 곳의 맛집을 검색하니 눈에 띄는 곳이 있었다. 퓨전음식점이었다. 매운 주꾸미와 고르곤졸라 피자가 환상의 맛을 낸다는 평이 많았다. 두 음식의 이름을 본 순간 어떤 맛을 낼까 무척 궁금해졌다.

퓨전 음식에 매력을 느끼는 사람이 늘어나고 있다. 예측할 수 없는 맛을 직접 느껴보는 재미, 창의적이고 독특한 음식에 대한 신선함이 매력이다. 서로 다른 음식 종류가 환상의 짝꿍이 되는 순간, 신대륙을 발견한 듯하다. 돈가스 그릇에 담긴 스파게티, 피자 속에 떡볶이, 토스트 안에 인절미 등은 그야말로 융합 발명품이다.

융합의 사전적 의미는 '다른 종류의 것이 녹아서 서로 구별이 없게 하나로 합하여지거나 그렇게 만듦'이다. 전 세계적으로 인문, 과학, 기술 등의 학문을 결합하여 새로운 분야를 창출하고 있다. 교육부에서는 미래인재 양성을 위해 'STEAM 교육'을 강조했다. 'STEAM'은 과학의 Science, 기술의 Technology, 공학의 Engineering, 예술의 Arts, 수학의 Mathematics 각 첫 글자를 의미한다. 미래를 이끌어갈 기술은 퓨전 음식처럼 예측 불허한 융합 아이디어가 필요하다.

레오나르도 다빈치 하면 〈모나리자〉나 〈최후의 만찬〉이 떠오른다. 하지만 그는 화가로서의 활동보다는 건축, 역사, 예술, 기술, 시, 작곡, 조각, 수학, 해부학 등 다양한 분야에 능했다. 그가 만든 인문과 기술을 융합한 발명품은 놀랍다. 그가 디자인한 비올라 오르가니스타, 물 위를 걷는 신발, 잠자리를 모티브로 한 비행 기계 등은 당시 실현되지 않는 상상의 물건들이었다. 하지만 현대사회에서 레오나르도 다빈치가 상상한 많은 것들이 실제로 만들어졌다. 우리가 상상한 융합 발명품이 조만간 현실화 될 수 있다. 그림 카드를 이용하여 융합 발명품을 만들어 보자.

━━━ '융합 발명품' 활동 방법

1) 그림 카드 두 장을 선택한다.
2) 두 장을 연결하여 새로운 발명품을 만든다.
3) 발명품의 이름과 용도를 설명한다.

━━━ 활동 사례

장애우를 도와주는 친구 로봇

전쟁에 나간 군인을 안 보이게 해주는 투명망토

10초만에 화장을 해 주는 기계

숲에 들어서면 해외에 직접 간 것 같은 가상현실방

○ 나를 발견하는 글쓰기 ○

누구나 자기만의 삶의 방식이 있다. 특히 여행하면서 홀로 자신의 내면과 마주할 때 알지 못했던 자신을 발견한다. 세상과 타인의 영향에서 벗어나 순간순간 자신에게 온전히 몰입하게 된다. 또한 넓은 안목으로 자신을 통찰하는 힘이 생긴다. "인생의 전환점이라고 생각되는 순간을 맞는다면 그건 뭔가를 얻었을 때가 아니라 잃었을 때일 것이다."라는 말이 있다. 무언가를 얻었을 때의 기쁨보다 잃었을 때의 상실감이 한 사람을 성장시켜준다.

그림 카드로 떠나는 내면 여행은 시간과 공간, 물질의 한계에 속박되지 않게 해준다. 여행하면서 자신에게 귀 기울이는 시간을 갖듯이 그림 카드를 만지작거리면서 내면 여행을 떠나보는 건 어떨까. 인생에서 잃은 것과 얻은 것을 생각해보자.

━━━━ '내면 돋보기' 활동 방법

1) 인생에서 잃었다고 생각하는 3가지를 그림 카드에서 골라보기

2) 그 이유를 글로 적고 발표해보기

3) 잃어버린 것을 통해 배운 점을 찾아보기

━━━━ 활동 사례

친구 : 나는 친구를 잃었다. 고3 때 오랫동안 친하게 지냈던 친구를 영영 잃고 말았다. 아, 물론 그 친구가 세상을 떠난 건 아니다. 나를 떠났을 뿐. 수능시험 전날까지 함께 독서실을 다니면서 공부를 했고, 같은 아파트를 살았고, 크고 작은 고민을 나눴던 친구다. 성적도 비슷하고 환경도 비슷해서 나눌 수 있는 고민이 많았다. 수능시험을 보고 나는 무난하게 대학을 들어갔고, 친구는 성적이 좋지 않아 재수생이 되었다. 나는 잘못한 것도 없이 다시 친구를 볼 수가 없었다. 대학 점수가 우리 인생을 결정하는 것도 아닌데 열아홉 그 시절에는 뭐 그리 자존심만 서로 앞세웠는지 모르겠다.

돈 : 나는 돈을 잃었다. 그것도 20대 시절에 큰돈을 여러 번 잃었다. 사기당한 적도 있고, 친구에게 빌려주고 못 받은 것도 있다. 다단계에 빠진 친구에게 돈을 빌려준 다음 물건으로 받았는데 결국 그 물건도 쓰레기가 되었다. 심지어 동생이 내가 아르바이트로 벌었던 월급봉투를 고스란히 다 집어 간 적도 있다. 돈을 잃었다고 생각하지 말고, 그냥 준 것으로 생각해야 마음 편하지 않을까.

친엄마 : 나는 아홉 살에 친엄마를 잃었다. 엄마를 잃은 일은 세상을 잃은 일과도 같았다. 무엇보다도 '나 세 살 때 어땠는데?' 이런 질문을 해도 답해줄 사람이 없다는 것이 슬펐다. 엄마와 함께 십 대, 이십 대, 삼십 대 그리고 사십 대를 보낼 수 없었기에 함께 하는 시간까지 통째로 잃어버렸다고 함이 맞다. 엄마를 잃은 것은 어린 시절을 송두리째 잃어버린 일과 같았다. 엄마와 함께한 짧은 추억마저도 생각나지 않는다. 한 사람을 인생에서 잃는 일, 엄마와 아빠처럼 부모님을 잃는 일은 존재감마저도 흔들리게 한다.

"친구, 돈, 엄마"

내 인생에서 가장 크게 잃어버린 세 가지다. 잃어버린 일을 통해서 나는 무엇을 배운 걸까?

1) 친구는 언제든 나를 떠날 수 있다는 사실을 알았다. 영원한 친구는 없다. 변치 않는 친구도 없다. 동창이나 어린 시절의 친구, 오랫동안 함께 시간을 나눈 친구가 거의 없다. 그렇다고 친구가 없어서 재미없게 산 것도 아니다. 학창 시절 친구보다 '동료'가 많고, 관심사를 나눌 수 있는 책 모임 친구도 많다. 친구가 꼭 있어야 한다는 편견에서 벗어났다. 친구가 없이도 살 수 있다는 생각을 하게 되었다.

2) 돈도 친구와 마찬가지. 내 손 안에 든 돈이 내 것이 아니다. 돈이 모이면 계속 쌓일 것 같지만 어느 순간 사라진다. 돈이 많았다고 생각하는 순간 허망하게 없어지기도 한다. 계속 실수하는 것 중 하나는 돈

과 인간관계를 결부시키는 것이다. 나는 남에게 아쉬운 소리를 못 하지만 남이 나에게 아쉬운 소리를 하면 잘 들어 주는 편이다. 여전히 돈 관리는 나에게 숙제와 같다. 그나마 돈을 잃었을 때 오랫동안 마음에 담아 두지 않는 것? 그것이 나에게 있어서의 큰 장점이 아닐까.

3) 어릴 때 엄마를 잃은 상실감은 평생을 따라다니는 것 같다. 하지만 엄마를 잃음으로써 나는 엄마의 고향 욕지도를 더욱 사랑하게 되었다. 떠남에 대한 미련이 없게 되어 현실에 그다지 메이지 않게 되었다. 무에서 유를 일구어내었던 친엄마의 짧은 생애를 기억하면서 나에게도 그러한 강인함이 내재해 있을 거라는 큰 믿음마저 생겼다. 엄마를 그리워하는 마음은 글을 쓰는 자원이 되기도 했다. 또한 엄마가 젊은 나이에 돌아가신 사건을 통해 내 몸을 관리하고 건강을 돌보는 습관이 자연스럽게 생겨났다.

잃어버림과 얻음. 한 가지 사건으로 두 가지 면을 바라보게 한다. 잃음이 있으면 얻음이 있다. 항상 채워지는 것만이 삶이 아니다. 비워야 새로운 것들이 채워지는 법이다. 많은 사람이 자신이 그동안 잃기만 했다고 생각하면서 괴로워한다. 돈도, 친구도, 사업도, 가족도, 배움도, 건강도 다 잃었다고 여긴다. 하지만 잃었던 과정을 우리는 되돌아볼 필요가 있다. 진정 잃기만 했는지 그 속에서 배운 것, 얻은 것은 무엇인지 들여다보는 것이다. 과연 여러분은 무엇을 잃고 또 얻었는가?

◦ 그림 카드로 자기소개서 쓰기 ◦

'나는 누구인가?'는 모든 인간의 근원적 물음이다. 자신이 누구인지 알아가는 과정이 삶의 이유이기도 하다. 자기 이해능력이 높은 사람들은 자존감이 높다. 자신이 무엇을 해야 잘할 수 있는지 파악하고 있으며, 어떤 일을 선택해야 행복한지 알고 있다. 끊임없이 자신을 들여다보고 관찰하며 성찰하는 힘을 키워야 한다. 자기발견은 곧 잠재력을 발견하는 일이기도 하다.

아이들이 자연스럽게 자기발견을 하기 위해서는 놀이에 몰입하는 시간이 필요하다. 자기가 선택한 놀이에 집중하고 그것에 몰두하는 시간 속에서 자신을 알게 된다. 보통 영유아기의 아이일수록 자유롭게 놀이에 금방 몰두한다. 좋아하는 놀이를 하면서 이 세상과 자신을 배워나간다. 아이들이 무언가에 몰두하고 있을 때 부모들은 주로 방해하려 한다. 밥 먹어야 한다, 유치원 가야 한다, 지금은 옷 입을 시간이다 등의 이야기를 하면서 말이다. 스스로 느끼고 탐구하는 시간을 통해서 자연스레 성취감을 느낀다.

놀이는 또한 스토리텔링의 연속이다. 상상 놀이 혹은 가상의 이야기를 놀이 속에서 만들어낸다. TV를 수동적으로 보거나 스마트폰의 게임은 상상력을 잃어버리게 만든다. 보이지 않는 것을 창조해내고, 의미부여 하는 것은 바로 자기 발견의 또 다른 모습이다. 자신의 강점을 발견해냄으로써 내면의 힘과 에너지를 찾게 된다. 특히 어린 시절의 한 장면을 떠올리고, 그때의 일을 기억하며 이야기해보는 것은 자신에 대한 몰랐던 점을 깨닫는 과정이다.

"지금 머릿속에 떠오르는 어린 시절 기억 중 한 가지를 말해 주시겠어요?"라는 질문을 던져 보자. 어떤 이야기가 생각나는가. 그 이야기를 사람들 앞에서 말해 보는 것이다.

"제 나이 열 살, 초등 3학년 때의 일이었어요. 엄마가 사고로 돌아가신 후 가족은 큰 충격을 받았답니다. 아빠 역시 엄마를 잃고 심리적인 충격과 시련이 크셨어요. 그때는 저도 어려서 잘 몰랐지만 말이에요. 3학년 어린이날에 아빠는 동생과 저를 데리고 버스 타고 남산을 함께 데려가셨어요. 노란 원피스를 입고, 남산타워까지 올라가던 개나리꽃 피던 장면이 떠오르네요. 아빠는 남산에 올라가 솜사탕도 사주셨어요. 그런데 그날 저는 마냥 좋지만 않았어요. 왜냐하면 동생과 놀고 있는 동안 멀리서 울고 계시는 아빠를 보았거든요. 어린이날인데 모두 엄마, 아빠의 손을 잡고 온 아이들의 모습이 그제야 눈에 들어왔어요. 아빠도 그날 다른 가족들의 모습을 보면서 많이 슬퍼하셨을 거예요. 아빠가 우시는 모습을 몰래 보았는데 이야기하지 않았어요. 그리고 그 이후부터 저는 '엄마가 보고 싶어' 라는 말을 절대 하지 않는 아이가 되었습니다. 그런 말을 하면 아빠가 슬퍼하실 것 같아서요."

나의 어린 시절 한 토막 이야기다. 열 살 때 있었던 일이 또렷하게 기억나면서 어제 일인 듯 생생하다. 그 시절 아빠는 기껏해야 서른 초반의 나이셨는데 젊은 나이에 얼마나 힘드셨을까. 그때의 일을 통해서

나라는 존재를 생각해 보았다. 과연 나는 어떤 사람일까.

　"그때 저는 어른들도 슬픔을 쉽게 잊지 못하는 것을 알게 되었어요. 죽음과 같은 큰 충격은 사람을 고통에 빠뜨리죠. 특히 남겨진 사람들의 경우. 엄마의 죽음을 경험하고 그 이후의 모든 사건은 또래보다 조숙하게 만든 것 같아요. 사람들과 어울리는 것보다는 나만의 세계에 갇혀 책을 읽는 아이로 만들었죠. 책을 열심히 읽는 아이라는 캐릭터가 만들어진 것이 바로 이즈음이었던 것 같아요. 그리고 저는 아빠의 슬픔을 몰래 엿본 이후 다른 사람의 감정에 쉽게 개입하지 않게 되었어요. 왠지 그 사람이 슬퍼하거나 힘들어하는 것을 옆에서 표현하는 게 무례하다고 여겼거든요. 그래서일까요. 분명 다른 사람이 어떤 기분일지 충분히 알고 있는데 말로 표현하지 못해요. '힘들겠구나' '속상하겠다' 이런 말을 하는 게 어색해요. 다른 사람 감정을 알아채고 그것을 아는 척하면 안 될 것 같다고 느꼈나 봐요."

　어린 시절의 한 장면, 그 스토리를 통해서 자신을 발견해나가는 것은 바로 자신을 찾아 나가는 과정이다. 자신의 이야기를 끄집어내고 그 속에서 제3의 눈으로 자기를 관찰할 때 나를 발견하게 된다. 다음은 '자기발견 스토리텔링'의 주제들이다.

　- 자신의 어린 시절 중 기억나는 장면은?
　- 첫사랑과의 헤어짐 혹은 이루어지지 않은 일로 알게 된 사실은?
　- 어린 시절 상을 받았던 기억이나 칭찬받았던 일은?

- 도전에서 실패했던 일은?

- 혼자 버려졌다고 생각되었던 사건은?

- 부모님이 서운하게 느껴졌던 일은?

- 처음으로 무언가를 성취해 본 경험은?

- 졸업식이나 입학식 때 어떤 일이 있었는지?

- 친구와 크게 싸웠던 일은?

- 어린 시절 가장 좋아했던 놀이는?

- 나에게 가장 힘을 주었던 사람은 누구인가?

- 어릴 때 살았던 집의 모습을 기억나는 대로 묘사해 보면?

- 어릴 때 좋아했던 옷이 기억나는가?

- 사람들 앞에서 창피했던 기억은?

- 정말 갖고 싶었던 것을 갖게 된 일은?

- 처음 버스나 기차 등을 타보았던 일이 생각나는가?

위의 질문들을 생각해 보고, 자신의 어린 시절 혹은 과거를 기억해 보자. 글로 쓰거나 누군가와 이야기를 하면서 경험을 나누는 것이 중요하다. 잊혔던 자신의 기억, 어린 시절의 스토리텔링으로 지금 새롭게 알게 된 사실이 무엇인지 파악해 보자. 그 속에서 스스로가 알지 못하는 자신의 내면을 바라보게 된다. 스토리텔링은 결국 자기발견 수업이다.

○ 그림 카드로 글쓰기 ○

초등학생을 둔 엄마들의 가장 큰 고민 중 하나가 아이의 글쓰기 과제가 아닐까. 일기 쓰기와 독서일지 쓰기는 초등학생들이 가장 힘들어하는 숙제이자, 꼭 해야 하는 과제이다. 아이들의 글쓰기 숙제는 엄마들이 지도하기가 만만치 않다. 사실 성인인 엄마도 글쓰기는 결코 쉽지 않다. 이런 자녀의 글쓰기를 쉽고 재미있게 지도하려면 어떻게 해야 할까?

먼저 아이가 자기 생각을 글이 아닌 말로 표현할 수 있도록 이야기 나누는 시간이 필요하다. 아이들은 자기 생각을 말로 이야기하고 그림으로 표현하고 마지막으로 글 쓰는 순서를 거쳐야 한다. 그러니 글쓰기 이전에 충분히 말로 자기 생각을 이야기하는 시간이 필요하다.

두 번째 맞춤법, 띄어쓰기, 문법 등은 잠시 미뤄두어야 한다. 자칫 엄마의 지적으로 아이가 글쓰기의 흥미를 잃어버릴 수 있다. 그러니 이런 것들은 잠시 잊고 자기 생각을 표현하고 쓸 수 있도록 격려해 주어야 한다. 짧은 문장이라도 꾸준히 생각을 글로 쓰는 연습이 필요하다.

무엇보다 글쓰기가 아이들에게 어려운 일로 인식되어서는 안 된다. 아이들에게 글쓰기의 즐거움을 경험케 하는 일이 가장 중요하다. 이런 글쓰기의 즐거움을 경험하기 위한 방법으로 그림 카드를 사용해 글쓰기를 시작해 보는 것이 어떨까?

■■■■■ '그림 카드로 글쓰기' 활동 방법

1) 일기 쓰기에 앞서 오늘 하루 있던 일 중 기억나는 일이나 생각나는 장면을 그림 카드에서 선정한다.
2) 그림 카드를 보며 그 당시의 상황과 자신의 느낌을 충분히 이야기 나누도록 한다.
3) 선택한 그림 카드를 보며 글을 쓴다.

독서일지 역시 자신이 읽은 책의 내용을 기억하며 핵심 단어나 중요한 상황을 그림 카드로 선정하도록 한다. 선정한 그림 카드를 가지고 충분히 이야기한 후 문장으로 표현한다. 독서기록장도 같은 방법으로 지도한다. 이렇게 그림 카드를 활용하여 자녀의 글쓰기 지도를 시작해 보자. 아이와 엄마 모두 글쓰기의 즐거움뿐 아니라 소통과 공감의 시간을 선물 받게 될 것이다.

활동 사례

∘ 스토리 셰이프 게임 ∘

'아메리칸 퀼트'(조셀린 무어하우스, 1997)라는 영화가 있다. 대학원 졸업을 앞둔 '핀'은 할머니가 계신 시골에 내려왔다. 할머니의 집은 이웃 여성들이 모여 퀼트를 하는 곳이다. 퀼트라는 것 자체가 작은 조각들을 모아 무엇인가를 만드는 작업이다. 퀼트를 하며 서로 이야기를 나누고, 작품을 만들어낸다. 누군가를 위해 퀼트를 하고, 이야기 나누며 자기 치유도 한다. '아메리칸 퀼트'에서 퀼트를 하며 작품을 완성하듯 그림 카드를 모아 함께 이야기를 만들 수 있다.

또한 그림책 작가 앤서니 브라운은 자신의 상상력 원천이 셰이프 게임이라고 말했다. 어릴 적 형과 했던 셰이프 게임에 재미를 느끼고 그림 그리기에 흥미를 느꼈다. 셰이프 게임이란 쉽게 이야기하면 그림완성 놀이이다. 먼저 종이 위에 한 사람이 한 가지 모양을 그린다. 어떤 모양이든 상관없다. 그렇게 그려진 모양 위에 다음 사람이 나름의 의미와 상징, 그리고 스토리가 있는 그림으로 완성한다. 앤서니 브라운은 이런 셰이프 게임이 아이들의 상상력과 창의력을 길러준다고 말한다. 이 놀이를 통해 시각적 상상력과 그림으로 표현하는 능력이 풍부해진다.

초등 1, 2학년 아이들과 그림 카드로 스토리 만들기 셰이프 게임을 진행해 보았다. 그림을 그리는 대신 그림 카드로 스토리를 이어나가는 방식이다.

■■■■■ '스토리 셰이프 게임' 활동 방법

1) 진행자가 그림 카드 한 장을 제시하며 한 문장을 말한다.

2) 순서대로 자신이 선택한 그림 카드를 보여주며 앞의 이야기를 이어나간다.

3) 마지막에 완성된 스토리에 제목을 짓고 마무리한다.

4) 그림 카드 스티커를 이용하여 스토리 북으로 완성한다.

■■■■■ 활동 사례

제목 : 이건 꿈이야!

진행자 : 어느 날 밤 등대의 불빛을 보고 배 한척이 항구로 향해 오고 있었어요

강민서(송원초 2) : 그 배에는 진주조개를 잡은 사람이 타고 있었어요.

이주오(영화초 1) : 집에 가서 진주를 팔아 멋진 파티를 할 생각을 하며 기뻤어요.

장서율(영화초 1) : 집에 가니까 가족들이 모두 사라지고 유령이 기다리고 있었어요.

박준서(송원초 2) : 깜짝 놀라서 일어나 보니 모두 꿈이었어요.

◦ 추리소설 작가되기 ◦

"모든 범죄는 흔적을 남긴다."

중·고등학교 시절 추리소설에 빠져있던 때가 있었다. 애드거 앨런 포, 아가사 크리스티, 아서 코난도일 등 추리소설을 찾아 서점을 돌아다닌 적이 많았다. 특히, 아가사 크리스티의『그리고, 아무도 없었다』,『오리엔트 특급 살인사건』은 잊을 수 없는 나의 베스트 소설이다. 추리소설의 매력은 어디에 있을까? 대단한 관찰력의 주인공 탐정과 반전을 거듭하는 소설의 구조, 의외의 범인 등 우리를 놀라게 하는 일이 한둘이 아니다. 추리소설은 사실적이면서도 논리적이다. 수수께끼를 하나씩 풀어가다 보면 논리력과 관찰력이 풍부해진다.

나는 추리소설의 반전에서 종종 우리 삶을 보게 된다. 우리 삶도 목표한 대로 흘러가지 않는다. 평생 결혼하지 않겠다고 결심한 사람이 오히려 친구 중 가장 먼저 결혼을 하기도 한다. 단짝 친구가 생겨서 영원히 함께하자며 우정 반지를 만든 다음 날 절교를 하기도 한다. 평생 직장이라고 생각하던 믿음이 하루아침에 깨지기도 한다. 이렇듯 우리 인생도 반전의 반전을 거듭한다. 추리소설의 마지막을 읽을 때쯤, 나의 인생의 반전을 기대하기도 하고, 실패에 대해 대비를 해야겠다는 목표도 생긴다. 그림 카드를 이용하여 추리소설의 한 장면을 써 보았다.

1) 그림 카드 두 장으로 미스터리한 질문을 만든다.

2) 상대방은 다섯 장의 카드를 이용해서 질문에 대한 답을 글로 쓴다.

━━━━━활동 사례

①

질문 사랑해서 결혼한 남녀가 있었다. 야근하고 돌아온 남편은 집안에 이상한 기운을 느꼈다. 추운 날씨인데도 창문이 열려 있었다. 그는 문득 부인이 보이지 않는다는 생각이 들었다. 부인 영애를 불러보았다. 인기척이 없었다. 그녀는 3일이 지난 오늘까지도 연락이 없다. 그녀에겐 무슨 일이 일어났던 걸까?

답변 영애는 결혼 후 답답함을 느꼈다. 인터넷 검색이나 하며 집안에서 무료한 생활을 했다. 그러던 어느 날, 잡지 표지모델에 매료되었다. 표지모델 오디션이 열린다는 광고를 보았다. 그리고 오디션에 참가했다. 그곳에서 무참히 짓밟혔다. 그녀는 불같이 화가 났다. 고래고래 소리를 질렀다. 그런데도 마음이 누그러지지 않았다. 그녀는 집으로 돌아가고 싶지 않았다. 결혼 후, 자신의 모습이 변해서 모델이 될 수 없었다는 생각이 들었다. 이제까지와는 다른 삶을 살기 위해 그녀는 잠시 집을 비워두기로 결심했다.

②

질문 현실의 생활이 늘 아슬아슬한 강현욱. 그는 무슨 일을 해도 실패만 했다. 어느 곳에서도 환영을 받지 못하는 인생이었다. 인생의 낙오자였다. 그런 그에게 어느 날, 잠을 자면 과거로 돌아가는 능력이 생겼다. 강현욱은 과연 과거로 돌아가서 무슨 일을 했을까?

답변 게임에만 빠져 살던 강현욱은 20년 전 과거로 돌아와서 더 이상 컴퓨터 사용을 하지 않겠다고 결심했다. 처음에는 할 일이 없어서 뒹굴뒹굴했지만, 곧 자신이 열정을 쏟을 수 있는 일을 발견했다. 미래의 기술을 발판삼아 과학발명품대회에 출전한다. 기발한 아이디어로 상을 휩쓸어 버린다. 그는 인정받고 존경받는 사람이 된다. 하지만 잠은 매일 쏟아지고…… 잠을 자면 다시 원점으로 돌아가는 운명이었다. 이 운명은 언제까지 되풀이될 것인지……

③

질문 "띵똥. 문자왔숑~ 문자왔숑~" 화창한 오후, 문자 메시지를 받은 한 남자. 남자는 갑자기 울기 시작했다. 도대체 그에게 무슨 일이 있었던 것일까?

답변 낚시를 좋아하는 한 남성이 있었다. 하지만 부인은 남편이 낚시하러 다니는 것을 무척 싫어했다. 부부싸움의 원인이 되었다. 그래서 그는 낚시를 5년 동안 하지 못했다. 그러던 어느 날, 우물 안의 개구리 같은 생활을 하는 자신을 발견했다. 울적한 마음에 부인 몰래 낚시도구를 챙겨 집을 나왔다. 캠핑하는 남녀 옆에서 낚시를 했다. 행복을 만끽했다. 그러던 중 갑작스러운 문자 한 통 "나 다쳤어!" 부인의 문자였다. 남편은 몰래 집을 나온 것을 후회하면서 울기 시작했다. 병원으로 달려가 보니 부인은 교통사고가 나서 응급실에 있었다. 그런데 차 사고를 낸 사람이 부인을 짝사랑하던 남자였다. 자신도 입원하고 싶어서 교통사고를 낸 것이다.

4부

비주얼씽킹
진로 레시피

◦ 도전은 아름다워 ◦

중학교 3학년인 성욱이가 있었다. 겨울방학 동안 그 아이는 한 번도 아침에 스스로 일어난 적이 없었다. 식구들이 모두 다 일어나서 밥을 먹은 후에도 잠을 자고 있었다. 아빠에게 꾸중을 들었다. 그것을 본 엄마가 아이에게 한 가지 도전과제를 주었다. "겨울방학 동안 스스로 일어나 현관 앞에 놓인 신문을 갖고 오면 네가 원하는 배드민턴 가방을 사줄게."라고 제안했다. 아이는 엄마의 도전과제를 성실히 수행했다. 그 이후 겨울방학 동안 한 번도 늦잠을 자지 않고 스스로 일어났다. 그리고 한 달 후 배드민턴 가방을 받았다. 배드민턴 가방을 볼 때마다 성욱이는 "마음만 먹으면 저도 해낼 수 있다는 생각을 하게 되었어요. 배드민턴 가방을 볼 때마다 뿌듯해요."라고 소감을 전했다. 지금 성욱이는 20대의 멋진 청년이 되었다.

"너는 어떤 도전을 해 봤니?"

"그 도전이 성공했니?"

"실패한 적은 없니?"

"그 도전이 너에게 무엇을 알려줬니?"

우리는 어떤 일에 도전한다. 그리고 성공하기도 실패하기도 한다. 그 속에서 교훈을 얻기도 한다. 많은 일에 도전할수록 나의 인생의 밑거름은 풍성해진다. 하지만 새로운 도전 앞에서 두려움과 걱정으로 시작조차 하지 못하는 사람도 있다.

'용감한 형제'라는 작곡가 겸 프로듀서가 있다. 현재 그는 엔터테인먼트 회사의 대표이다. 한 달 20억 원의 저작권료를 벌어들이고 있다. 하지만 그는 어린 시절 방황을 많이 했다. 고2 때 소년원에 수감되기도 했다. 우연히 '사이프레스 힐'의 CD를 듣고 음악을 하고 싶다는 생각이 들었다. 작곡을 배우지도 않았는데 음악을 한다는 것은 무모한 도전이었다. 이후 그는 자신이 가진 돈을 쏟아부어 컴퓨터와 사운드카드, 시퀀스 프로그램, 마스터 건반을 샀다. 그리고 독학으로 음악을 만들었다. 자신만의 음악 세계를 구축하고 대형기획사에 들어가게 되었다. 이후 직접 기획사를 운영하며 엔터테인먼트 사업을 한다. 앞으로 그는 사회 빈곤층에 자신의 전 재산을 환원하는 것이 인생 목표라고 한다. 사람들은 그의 과거를 비판하지 않는다. 현재의 인생에 응원을 보낸다.

모든 도전에는 가치가 있다. 한 사건의 실패가 결코 인생 전체의 실패는 아니다. '용감한 형제'처럼 자신을 드러낼 수 있는 것조차 또 하나의 도전이라 생각한다. '내가 시도해 본 경험'을 사람들 앞에서 공유하는 것도 작은 도전이다. 사람은 실패를 통해 배우고 성장하기 때문이다.

━━━━━ '도전은 아름다워' 활동 방법

1) 자신이 최근 시도한 일 한 가지를 이야기한다.
2) 그 경험으로 느낀 점, 배운 점, 앞으로 적용할 점 등을 그림 카드에서 골라 본다.

━━━━━ 활동 사례

"최근 영어공부를 새롭게 시작했어요. 컴퓨터로 해 보니 이해가 잘 되고 재미있었어요. 하지만 말하기가 잘 되지 않아 자신이 없어요. 영어공부를 더 열심히 해서 자신 있게 말하는 사람이 되고 싶어요."

노영래, 초등 6

"최근 축구부에 들어갔어요. 열심히 연습하여 축구 시합에 출전하게 되었어요. 그런데 연습 도중 발목 부상으로 입원했어요. 이것을 통해 알게 된 점은 축구는 팀워크가 중요하다는 거예요. 단체 경기이기 때문에 팀원들 간의 끈끈한 정이 있어야 축구를 잘 할 수 있어요."

송문우, 초등 6

○ 나의 관심사를 찾아서 ○

알베르 카뮈에게 '당신이 좋아하는 낱말 10가지는 무엇입니까?'라고 질문했다. 그는 '세계, 고뇌, 대지, 어머니, 사람들, 사막, 명예, 가난의 고통, 여름, 바다'라고 말했다.

카뮈다운 단어들이다. 프랑스의 소설가이자 극작가인 그는 1913년 알제리에서 태어난다. 태나자마자 제1차 세계대전이 일어났고 아버지는 전투에서 사망한다. 청각장애 어머니, 할머니와 함께 가난한 생활이 시작된다. 대학에서 철학을 공부했고, 평생 스승이 된 J.그르니에를 만난 일. 그리고 파란만장한 생이 펼쳐진다. 대학 시절 연극에 흥미를 갖고 배우로 출연하기도 하고, 신문기자로도 활동한다. 서정적인 에세이나 시도 많이 썼다. 『이방인(異邦人) L'étranger』(1942)을 발표한 직후 문단에서 스타가 되었다. 하지만 제2차 세계대전 중 저항운동에 참여하면서 고통을 겪는다. 모두 자신의 관심사에 따라 산 결과다.

관심사는 이끌림이다. 재능이나 타고난 유전적인 요인과는 또 다른 영역이다. 재미를 느끼거나 관심 있는 부분을 찾아보면 그 속에서 자기다움을 발견하게 된다. 관심사를 찾는 방법은 다양하다. 서점이나 도서관에서 자신이 좋아하는 책을 찾아볼 수도 있다. 어린 시절 좋아했던 놀이나 친했던 친구들을 떠올려 보아도 좋다. TV 프로그램 중 꼭 시청하거나 한 번도 빼놓지 않고 보았던 시리즈물을 생각할 수도 있다. 좋아하는 색깔, 동물, 음식, 장소, 연예인, 과목, 가수, 작가, 여행지 등은 자신의 관심사를 찾는 단서들이다.

그렇다면 관심사를 찾는 게 왜 중요할까? 앞으로의 시대는 10대, 20대 시절 공부한 것으로 평생 먹고 사는 산업화 시대와 다르기 때문이다. 인공지능 로봇이 아닌 오로지 인간만이 할 수 있는 것은 바로 감성적 능력이다. 창조성과 연결의 힘을 키워야 한다.

파워블로거이자 미국의 미술 잡지 〈버질아메리카〉 기자인 조이스 리(Joyce Lee, 70)는 전직 패션디자이너였다. 하지만 60세에 기자로 입사하여 뒤늦게 배운 사진으로 미국 곳곳의 자연을 다니며 찍은 사진을 블로그에 올린다. 남편이 신장투석하면서 직장을 그만두었고 무료함과 절망감에 세상과 소통하기 시작했다. 바로 블로그에 사진을 찍어 올리고, 글을 쓰는 방식으로 말이다. 아마 조이스 리는 사람들과의 소통, 그리고 새로운 것을 배우는 것이 관심사였을지 모른다. 블로그를 더 잘하기 위해 컴퓨터를 배우고, 사진까지 배운다. 이후 60세가 넘어 〈버질아메리카〉 사의 기자로 도전했다. 50대, 60대 그 이후의 노후를 즐겁게 살기 위해서는 자신의 관심사를 찬찬히 탐구하는 게 중요하다.

그림 카드를 보면서 수시로 관심사를 찾아보고, 자신의 이야기를 발견해 보자. 어느 순간 카드의 그림이 자신에게 말을 걸듯이 가까워질 것이다. 비주얼씽킹(Visual thinking)은 생각을 그려내는 기법이다. 수많은 그림 중 자신이 한 가지 그림을 고르고, 거기에 의미 부여할 때 비주얼씽킹적인 사고를 개발시킬 수 있다.

‘나의 관심사를 찾아서’ 활동 방법

1) 그림 카드를 펼쳐놓고 끌리는 카드 10장을 선택한다.

2) 그중 5장을 추린다.

3) 최종적으로 3장을 선택한다.

4) 관련 경험을 글로 쓴다.

활동 사례

1) 손으로 무언가 만들기

나는 털실을 갖고 어릴 때부터 무언가를 짜기 좋아했다. 초등학교 4학년 때는 스킬로 방석을 커다랗게 만든 적도 있다. 보송보송한 털실의 감촉이 좋았고, 실이 이어져 나가면서 새로운 형태가 완성되어가는 기분이 좋았다. 한때는 모자나 장갑, 목도리를 떠서 지인들에게 자주 선물해주곤 했다. 손으로 만든 것을 선물할 때 기분이 좋다. 나의 관심사는 아마도 내가 만든 무언가로 사람들을 즐겁게 해주는 것인가 보다.

2) 발견

또한 바닷속의 진주를 찾는 것처럼 찾아내고 발견하는 것이 좋다. 나로 인해 사람들이 자신의 재능을 찾게 되었다는 말을 들을 때 기분이 좋다. 남들이 보지 못하는 내면의 가치를 찾아주는 일이 즐겁다. 나는 바로 글 쓰는 것으로써 나의 재능을 찾았다. 끊임없이 무언가를 써 나가는 창조적 행위가 즐겁다.

3) 낭만과 여유

　마지막으로 나는 결국 '놀듯이 일하고' 싶다. 일하는 이유도 어쩌면 놀기 위함이다. 놀이가 일이 되어 버린다면 가장 행복할 것이다. 캠핑장에 혼자 가서 모닥불 피고 노는 사람은 별로 없다. 텐트 치고, 바비큐하고, 장작불 피워 도란도란 이야기 나누는 모습. 생각만 해도 정겹다. 캠핑하면서 함께 별을 쳐다보며 이야기 나눌 그 누군가를 떠올리면 행복해진다. 많은 사람과 인생의 여유를 누리며 풍요로운 인간관계를 맺고 싶다.

○ 재미로 보는 카드 점 ○

타로는 유럽에서 만든 가장 오래된 그림 카드의 일종이며 점술(占術)에 사용되었다. 타로 카드는 78매가 한 조다. 기원은 불분명하지만 13세기부터 행해진 것으로 추정된다. 카드를 통해 한 사람의 과거, 현재, 미래를 모두 볼 수 있다고 한다. 사람들이 타로나 점성술, 사주 등 점을 보려고 하는 이유는 불안감 때문이다. 막연한 미래에 대한 불안감은 누구에게나 존재한다.

나 역시 타로 점을 본 적이 여러 번 있다. 대학로에 있는 타로 샵에서 한 셔플당 5,000원씩을 내고 총 6번을 보았다. 10분, 20분 짧은 시간에 3만 원이라는 돈이 순식간에 나갔다. 그때 물었던 질문은 결혼 전이었기에, "지금 만나는 남자 친구랑 결혼하나요?" "궁합이 잘 맞나요?" "혹시 결혼은 몇 살 때쯤 하게 될까요?" "취업은 잘 될까요?" "진로를 바꾼다면 어떤 분야가 맞을까요?" 등의 질문이었다. 사실 많은 사람이 궁금해하는 것은 바로 애정, 재물, 진로, 건강 등에 관한 것이다. 크게 벗어나지 않는다.

타로를 보고 난 다음 구체적인 상담내용은 별로 생각나지 않는다. 재미있었던 것은 카드를 1장, 3장, 5장 뽑을 때마다 다른 그림이 나오고 그것을 해석해주는 상담이 흥미로웠다. 타로 점성가는 뭔가 긍정적인 기운의 말을 해주었다. 그리고 결혼 이후 인생이 더욱 잘 풀린다는 말, 큰 병 없이 평생 장수한다는 말이 기억에 남는다. 아이는 셋 정도

낳는다고 했다. 맞는 내용도 있고 틀린 내용도 있다.

　일부러 복비 내고 점을 치러 가지 않더라도 그림 카드만으로 재미있는 타로 점을 볼 수 있다. 어쨌든 타로도 상담가의 해석에 좌우된다. 같은 그림의 카드를 어떻게 해석하느냐에 따라 달리 표현된다. 점을 보는 이유도 위안과 안심을 얻기 위해서다. 미래에 대한 막연한 불안을 가진 사람들에게 희망을 주는 것이 바로 점이다. 100% 맞는다고는 할 수 없지만 또한 100% 틀리지도 않다. 그림 카드로 나의 과거, 현재, 미래를 한 번 점쳐보자. 그저 재미로 보는 카드 점이다. 어떤 질문이든 괜찮다. 앞날이 궁금하다면 혹은 자신이 지금 하는 일에 대한 확신이 없다면 그림 카드에게 물어보자. 내가 믿고 싶은 만큼 믿으면 그만이다.

■■■■■ **'재미로 보는 카드 점' 활동 방법**

1) 보이지 않게 그림 카드를 뒤집어 놓는다.
2) 그중 3장을 고른다.
3) 고른 카드 3장이 바로 당신의 '과거-현재-미래' 라고 할 수 있다.
4) 이 카드의 의미를 스스로 해석해본다.
5) '당신이 원하는 미래의 모습이 되기 위해 어떤 노력을 해야할까요' 라는 질문으로 카드를 3장 뽑아 해석해 볼 수도 있다.

세 장의 카드를 뽑은 30대 후반 여성은 다음과 같이 자신의 그림을 해석했다.

1) 저는 결혼하고 두 아이 낳고 키우기까지 우물 안 개구리로 살았어요. 세상 밖으로 나가기 두렵기도 하고, 나는 능력 없는 사람이라고 생각했죠. (과거)

2) 그런데 이제는 우물 밖으로 나와 사람들을 만나고 교류하며 새로운 재미를 발견했어요. 그리고 사람들을 통해서 새로운 세상을 배웠죠. (현재)

3) 미래에는 무언가를 창조해내어 나만의 세계를 이룰 수 있을 거라 믿어요. (미래)

초등학교 고학년 남학생의 사례이다.

1) 엄마 나는 옛날에는 게임하고 놀기만 한 것 같아요. 공부도 안 하고… (과거)

2) 그런데 조금씩 공부를 계획세워 하면서 (현재)

3) 앞으로 제 인생의 보물을 찾아 풍요로워질 거에요. (미래)

○ 나의 미래 직업을 상상해 보자 ○

2016년 3월 15일 최종 경기 결과 1:4

월드컵 경기의 결과가 아니다. 이 점수는 우리나라의 바둑 챔피언 이세돌 9단과 구글의 인공지능 바둑 프로그램 알파고와의 대국 결과이다.

인간과 로봇과의 경기는 시작 전부터 많은 사람의 관심을 받았다. 결과는 다양하게 예측되었지만 1:4로 인간이 로봇에게 완패했다. 우리에게 많은 생각을 하게 한다. 로봇이 인간의 지능보다 뛰어나다는 사실을 선뜻 받아들이기 힘들다. 그럼에도 미래는 알파고와 같은 로봇이 사회의 많은 부분에 활용될 것이다.

청소년들에게 알파고와 이세돌의 대국에 관한 생각을 물었다.

"모든 힘든 일을 로봇이 대신해주니 편하게 살 수 있을 것 같아요."
"숙제도 학원가는 것도 로봇이 다 해주면 좋겠어요."
"로봇 비쌀 것 같은데 돈 없어서 살 수 없는 사람들은 어떻게 해요?"
"로봇이 인간을 정복할까 두려워요."

각종 매스컴에서도 인공지능 기술 발달로 앞으로 사라질 직업에 대해 많은 이야기를 하고 있다. 전화 교환수, 변사, 버스 안내원, 물장수, 인력거, 방물장수 등 이미 많은 옛 직업들이 사라졌다. 더 많은 직업들이 사라질 예정이다. 무인 자동차와 3D 프린터가 상용화되고 드론도 활용되고 있다. 또한 곤충 식량전문가, 방귀 감별사, 애완동물 변호사, 인터넷 장의사, 용암 애호가, 악어 심리학자, 거미 독 수집가, 곤충 수사관, 동굴 탐험가 등의 생소한 직업이 생겨났다. 상상할 수 없는 다양한 직업들이 있고 앞으로도 생겨날 것이다.

많은 청소년이 희망하는 직업은 연예인, 의사, 경찰, 교사, 공무원, 디자이너, 요리사, 간호사, 운동선수 등이다. 변화하는 직업 세계에서 다양한 직업을 알고 그 속에서 나 자신이 꿈꾸는 직업을 선택하는 것은 매우 중요한 일이다. 하지만 우리가 알고 있는 직업이 전부는 아니다. 현재는 없지만 나에게 맞는 새로운 직업을 상상하는 능력도 필요하다. 내가 상상하는 나만의 미래 직업을 꿈꿔보는 건 어떨까.

▬▬▬ '나의 미래 직업을 상상해 보자' 활동 방법
1) 내가 관심이 있는 그림 카드 2장을 선택한다.
2) 각 그림에서 연상되는 직업을 모두 적어 본다.
3) 각각의 카드에서 찾은 직업들을 연결시켜 새로운 직업을 만들어 본다.
4) 새롭게 만들어낸 직업의 이름, 필요한 능력, 예상 수입 등을 자유롭게 적어본다.

군인 마음 치료사
군 생활 속에서 스트레스를 받는 군인
들의 마음을 편안하게 해 주는 사람

태몽 최면술사
아이와 엄마의 평생 이야기가 되어줄
좋은 태몽을 꿀 수 있게 해 준다.

세계여행 낚시꾼
세계를 여행하며 사람들의 낚시 체험을
도와주는 사람

꿈 이야기 웹툰 작가
밤 동안 꾼 꿈을 만화의 이야기로 표현
해 주는 만화가

2장
비전 찾기

◦ 새해 설계하기 ◦

"집에 쌀과 김치가 넉넉하면 겨울이 든든해요." 한 지인의 말이다. 나에게는 1년 치의 든든함을 주는 것이 있다. 바로 새해 계획을 세우는 것이다. 먼저 정들었던 1년을 말끔히 정리한다. 그리고 새로운 해를 어떻게 채워나갈 것인지 계획을 세운다. 이렇게 하면 새해에 대한 설렘과 기대감이 생긴다.

새해 설계를 하며 비전 보드를 만드는 과정을 통해 어떤 변화가 있었을까? 지금으로부터 약 10년 전쯤부터 처음으로 이미지를 활용한 비전 보드를 만들었었다. 내가 살고 싶은 삶의 모습이 명확해졌다. 그리고 중요한 것을 놓치지 않게 해주어 유용했다. 새해 계획들을 실천할 수 없는 이유 중 하나는 망각 때문이다. 시각화하여 잘 보이는 곳에 붙여 놓으면 자주 보게 되어 실천할 수 있다. 무엇보다도 이루어 나가는 즐거움을 느낄 수 있다. 이런 원동력으로 또 다른 꿈을 꾸고 만족스러운 삶을 살 수 있게 도와준다.

■■■■■'새해 설계하기' 활동 방법

1) 한 해 돌아보기

한 해를 돌아보는데 도움을 주는 유용한 도구가 있다. 바로 일정관리 수첩이다. 1월부터 수첩을 넘기면서 월별로 중요했거나 의미가 있는 일을 1~3가지 정도 간단히 옮겨 적는다. 꼭 좋은 사건만 적을 필요는 없다. 실패나 상실이 주는 의미도 발견할 수 있기 때문이다.

2) Top 10 정하기

한 해의 사건을 TOP 10을 정리하고 스스로에게 해 주고 싶은 말이나 배움을 정리한다. 좋았던 점과 아쉬웠던 점으로 나타낸다. 아쉬웠던 점은 새해의 계획에 반영할 수 있다.

3) 새해 계획하기

새해설계 활동은 1년 치에 대한 계획이다. 1년 동안 실천할 것으로 구체적인 목표를 적는다.

4) 비전 보드 만들기

계획을 눈에 잘 보이는 곳에 시각화하여 붙여 놓는 것을 추천한다. 그림카드를 활용하면 두뇌 각인 효과를 높일 수 있다. 잡지를 이용하거나 이미지를 검색하여 출력하는 방법으로 비전 보드를 만들어 볼 수 있다.

━━━━활동 사례

도란도란 카드나 스티커를 이용해서 새해에 꼭 이루고 싶은 것을 붙이고 내용을 표현하였다.

○ 3x3 만다라트 ○

큰아들이 중학교 3학년 때 고등학교 진학에 관해 고민했다. 대학생들과 멘토를 맺어주는 한 프로그램을 신청하고 같이 강의를 들은 적이 있다. 대학생 멘토는 고등학교에 다니면서 어떻게 대학 입시 준비를 했는지 꿈과 관련된 학과를 어떻게 찾을 수 있는지 등에 관한 강의를 했다. 멘토의 강의 중 일본 야구선수에 관한 예가 인상적이었다. 바로 일본의 야구선수 오타니 쇼헤이의 일화다.

그는 1994년생이고 160km 강속구를 던지는 괴물 투수라고 불린다. 초등학교 3학년 때 야구를 처음 시작했다. 어린 시절 허약체질에 가까웠지만 어린 나이에도 승부 근성 하나만큼은 대단했다. 당시 일본 초

몸관리	영양제 먹기	FSQ 90kg	인스텝 개선	몸통 강화	축 흔들지 않기	각도를 만든다	위에서부터 공을 던진다	손목 강화
유연성	몸 만들기	RSQ 130kg	릴리즈 포인트 안정	제구	불안정 없애기	힘 모으기	구위	하반신 주도
스테미너	가동역	식사 저녁7숟갈 아침3숟갈	하체 강화	몸을 열지 않기	멘탈을 컨트롤	볼을 앞에서 릴리즈	회전수 증가	가동력
뚜렷한 목표·목적	일희일비 하지 않기	머리는 차갑게 심장은 뜨겁게	몸 만들기	제구	구위	축을 돌리기	하체 강화	체중 증가
핀치에 강하게	멘탈	분위기에 휩쓸리지 않기	멘탈	8구단 드래프트 1순위	스피드 160km/h	몸통 강화	스피드 160km/h	어깨주변 강화
마음의 파도를 안만들기	승리에 대한 집념	동료를 배려하는 마음	인간성	운	변화구	가동력	라이너 캐치볼	피칭 늘리기
감성	사랑받는 사람	계획성	인사하기	쓰레기 줍기	부실 청소	카운트볼 늘리기	포크볼 완성	슬라이더 구위
배려	인간성	감사	물건을 소중히 쓰자	운	심판을 대하는 태도	늦게 낙차가 있는 커브	변화구	좌타자 결정구
예의	신뢰받는 사람	지속력	긍정적 사고	응원받는 사람	책읽기	직구와 같은 폼으로 던지기	스트라이크 볼을 던질 때 제구	거리를 상상하기

등학생들이 취미로 외발자전거를 탔는데 오타니 쇼헤이는 아무도 없는 곳에서 기술을 익히고 완성되면 사람들에게 보여줬다. 또 타자로서의 타격률도 높아 전업을 권유받기도 했다.

오타니 쇼헤이는 자기 목표가 매우 뚜렷했다. 쇼헤이가 고등학교 1학년 때 일본의 구단들로부터 1순위로 지명받겠다는 것을 목표로 계획표를 만들었다. 그런데 그 방법이 조금 새로웠다. 정사각형 9개로 이루어진 표였다.

쇼헤이는 가로세로 9개씩 총 81개의 칸에 자신의 계획을 채워놓고 실행했다. 정중앙에는 바로 최종 목표를 적어 놓았다. 매우 구체적이고 체계적이었다. 그 중 '인간성' 항목을 살펴보면 '감사하기, 배려하기, 예의, 신뢰받는 사람, 지속력, 계획성, 사랑받는 사람, 감성'이라고 적었다. 이는 '만다라트'라고도 하는데 불교의 불화(佛畫)인 '만다라'에서 착안하였다. 일본의 디자이너 이마이즈미 히로아키가 창안한 목표달성 기술이다.

아들은 계획표를 마음에 들어 했고 강의를 듣고 집에 오는 내내 쇼헤이 선수에 대해 이야기를 멈추질 않았다. 그리고 집에 와서 아들은 자신의 꿈에 맞는 계획표를 곧바로 만들어 보았다. 그림 카드를 이용해 좀 더 함축적이고 손쉽게 할 수 있는 '3x3 만다라트 계획표'를 만들어 보자.

━━━ '3x3 만다라트' 활동 방법

1) 8절지에 정사각형 9개로 이루어진 표를 그린다.

2) 가운데 칸에 목표가 되는 그림 카드를 붙인다.

3) 목표 이외의 나머지 8 칸에 목표달성을 위한 방법을 그림 카드로 채워 넣는다.

━━━ 활동 사례

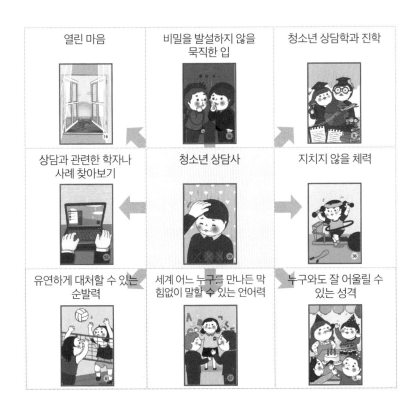

"막연하게 청소년 상담사가 되고 싶다는 생각을 했었어요. 그런데 이렇게 계획을 세워 보니 꿈을 이루기 위해 해야 할 일들을 구체적으로 알게 되었어요." (고등학교 1학년 남학생 사례)

◦ 자신의 꿈에 마법 주문을 ◦

나는 매일 스스로에게 두 가지 말을 반복합니다. 그 하나는 "왠지 오늘은 나에게 큰 행운이 생길 것 같다."이고 다른 하나는 "나는 무엇이든 할 수 있다." 라는 것입니다. ─ 빌 게이츠

카카오톡은 2011년 4월 1000만 가입자 돌파에 성공했다. 당시 회사의 경영지원 담당 직원은 회사의 현수막을 제작하면서 '축 카카오톡 1000만 가입자 돌파! 1억 명 넘으면 모두 함께 하와이 간다!'는 문구를 넣었다. 벤처기업 특유의 사내 분위기를 반영한 '유머' 코드로 작성한 문구다. 장난처럼 시작한 이 문구로 인해 어느덧 카카오 직원들 사이에서 하와이 여행에 대한 의지가 높아졌다. 직원들은 회의실 명칭을 오아후, 마우이, 라나이, 카우아이 등 하와이 부속 섬의 이름으로 변경하고 불렀다. 그리고 이 장난 같았던 공약은 현실로 이루어졌다. 2013년 6월 중순 모든 직원이 함께 3박 5일 일정의 하와이 여행을 떠나게 된 것이다. 모든 비용은 물론 회사가 부담했다.

다음은 미국의 유명배우 짐 캐리의 실제 이야기이다. 그는 오랜 무명 시절을 보내던 중 문구점에서 산 백지 수표에 '1995년 추수감사절까지 자기 앞으로 천만 달러를 지급한다.'라고 썼다. 이 수표를 항상 지갑에 넣고 다니면서 꿈을 이룬 자신의 모습을 떠올렸다. 이후 힘든 시간을 이겨나갔고 바로 1995년 영화 〈배트맨 포에버〉로 천만 달러 출연

료를 받는 배우가 되었다.

바라는 모습을 생생하게 표현하고 꿈을 이룰 수 있도록 주문을 걸어 보자. 바로 자신의 꿈에 마법 주문을 만드는 자성 예언이다. 자성 예언은 고대 그리스 및 인도에서도 발견된 적이 있다. 20세기 들어 사회학자 머턴(R. Merton)이 사용한 용어이다. 피그말리온 효과(Pygmalion effect), 플라세보 효과(placebo effect) 등과 같은 뜻을 내포한다. 자성 예언의 뜻은 실제로는 거짓일 가능성이 높으나 행위자의 신념으로 거짓 예언이 충분히 성취된다는 뜻이다. 불확실한 예언일지라도 간절히 바라면 이뤄질 수 있다. 나만의 자성 예언을 그림 카드로 만들어 보자.

━━━━ '자신의 꿈에 마법 주문을' 활동 방법

1) 도란도란 카드에서 자신의 꿈을 표현한 그림을 선택한다.

2) 선택한 그림을 이용해 자성 예언 문구를 표현한다.

3) 문구를 꾸미고 매일 소중한 마음으로 가까이에 둔다.

━━━━ 활동 사례

"나는 나를 사랑하는 사람이다. 나는 따뜻한 사람이다. 나는 긍정적이다. 나는 최고보다 최선을 중시한다. 나는 내 인생의 주인공이다. 나는 무한한 가능성을 가지고 있다. 나는 남을 이기려고 하기보다 내 자신을 이기려고 노력한다."

이러한 자성 예언 문구는 스스로 신념을 만들어내는 효과가 있다. 오늘 하루도 나의 꿈을 위한 마법의 주문을 외우며 달려가 보자.

○ 행복한 상상 행운 지출 내역서 ○

어젯밤 당신은 큰 행운의 소식이 따른다는 꿈을 꾸었다. 혹시나 하는 기분 좋은 마음에 동네 편의점에서 복권을 사고 드디어 당첨을 확인하는 날. 당신의 꿈은 현실이 되었다. 1등 당첨이다. 당신은 운명처럼 다가온 행운을 어떤 식으로 사용하고 싶은가?

아이가 초등학교 5학년 때의 일이다. 아침에 일어난 아들이 "엄마, 아빠, 나 신기한 꿈 꿨어."라고 하는 것이 아닌가? 아들의 꿈 이야기를 들어보니 꿈에서 분홍빛의 예쁜 아기 돼지가 나타났고, 그 돼지는 몸에 온통 만 원짜리 지폐로 덮여 있었다는 것이다. 게다가 그 돼지의 머리 위에는 만 원짜리 둥근 원형이 빙글빙글 돌고 있었다고 한다. 남편은 아들의 이야기를 듣고 당시 큰 돈인 1만 원을 주고 그 꿈을 샀다. 그리고 로또 복권을 샀다. 6개의 번호 중에 4개가 맞아 3등 당첨. 세금을 공제하고 150만 원의 상금을 받았다. 생각지도 못한 행운에 며칠을 기뻐했다. 하지만 지금 우리 가족은 그 우연한 행운의 선물을 어디에 지출했는지 거의 기억하지 못한다. 온 가족이 의미 없이 써 버렸기 때문이다.

사람들 사이에서 종종 복권에 당첨된 사람들 이야기가 회자되곤 한다. 어떤 사람들은 생각지도 못한 좋은 꿈을 꾸고 진짜 당첨이 된다. 한편 어떤 사람은 자신에게 오기를 바라는 행운을 생각하며 꾸준히 여러 가지 복권에 투자한다. 또 어떤 사람은 누군가에게 받은 복권으로 1등에 당첨되는 행운을 얻기도 한다. 데이터 분석을 통해 당첨 확률이 높은 번호를 알려주는 사이트도 있다.

그러나 많은 사람이 기대하지도 못한 큰 행운을 맞이한 뒤 오히려 전보다 못한 삶으로 돌아간다. 상당수의 복권 당첨자들의 삶은 평탄치 않다. 큰 돈 때문에 가정불화를 일으키거나 도박에 탕진하기도 한다. 주변에서 강제 기부를 종용하기도 한다. 그렇다면 자신에게 주어질지도 모르는 행운을 잘 준비해 보는 건 어떨까? 우리에게 다가올 수 있는 꿈같은 행운의 선물을 받는 상상을 해보자.

━━━━ '행복한 상상 행운 지출 내역서' 활동 방법

1) 다양하게 예상할 수 있는 행운의 상황을 설정한다.

ex. 보물 발견, 복권 당첨, 골동품 발견, 유산 상속, 퀴즈쇼 상금 등

2) 상황별 구체적인 금액을 상상해 본다.

ex. 초등학생 – 10만원, 중고등학생 – 100만원, 성인 1억 등

3) 자신에게 주어진 행운의 금품을 어떻게 사용할지 그림 카드를 통해 표현해 본다.

━━━━ 활동 사례

★ 10억 복권이 당첨된 성인 대상

행복한 상상 행운 지출 내역서

노력하지 않고 일확천금을 꿈꾸는 사람은 단지 게으른 사람이다. 하지만 자신에게 주어진 매 순간을 열심히 살아가면서 행복한 상상의 날개를 마음껏 펼쳐보자. 행운의 파랑새가 당신 앞에 그 모습을 나타낼 수도 있지 않을까?

5부

교실로 찾아가는
비주얼씽킹 수업

○ 나의 특별함을 세상과 나누어요 ○

나에게 초능력이 생긴다면 어떨까? 어릴 적 즐겨보던 TV 프로그램 중에 '말괄량이 삐삐'가 있었다. 9살 꼬마 소녀가 주인공이었는데 자신이 키우는 얼룩말 위에 친구들을 태우고 번쩍번쩍 들어올리기도 하고 자신보다 훨씬 몸집이 큰 나쁜 어른들도 거뜬히 물리치는 천하장사 소녀 이야기였다. 그 이야기를 만날 때마다 '나에게도 저런 친구 한 명 있으면 좋겠다.'라든지 아니면 '나한테도 저런 특별한 힘이 있으면 얼마나 좋을까' 또 '그런 힘이 주어진다면 어떤 순간에 사용할까?'라고 즐거운 상상을 했다.

가슴에 큰 S 자 옷을 입고 빨강 망토를 휘날리며 어려움에 처한 사람들에게 도움을 주는 슈퍼히어로들은 영화 속 주인공으로 등장한다. 그들은 우리와 다른 특별한 능력으로 많은 사람을 위험에서 구하거나 세상의 행복을 위해 멋진 일을 해 나간다.

영웅(英雄)의 사전적 의미는 지혜와 재능이 뛰어나고 용맹하여 보통 사람이 하기 어려운 일을 해내는 사람이다. 영웅은 초능력을 가진 주인공처럼 영화 속에만 존재하는 것일까?

2009년 1월 15일 오후, 155명의 승객과 승무원을 태우고 뉴욕 라다디아 공항을 출발한 US항공기가 이륙직후 새 떼와의 충돌로 인해 양쪽 엔진을 모두 잃은 초유의 위기 상황을 맞았다. 항공기는 허드슨강에 불시착하게 되었고 이 위기의 순간에 42년 경력의 베테랑 기장 체슬리 셀렌버거가 침착하게 탑승자 전원을 구출하면서 그는 미국의 영웅으로 떠올랐다.

2016년 9월 2일 부산 곰내 터널에서 유치원 버스가 전복되는 사고가 발생했다. 버스 안에 타고 있던 원생은 모두 21명. 자칫 대형사고로 이어질 수 있는 위험천만한 상황이었다. 하지만 큰 인명피해는 발생하지 않았다. 터널 안에서 버스가 전복되는 큰 사고였음에도 구조대가 도착하기 전, 시민들이 힘을 모아 21명의 유치원생을 무사히 구조해냈기 때문이다. 각자 차에 있던 망치나 골프채 등을 이용하여 버스의 유리창을 깼다. 11명의 시민 영웅은 불과 5분 만에 아이들을 모두 구출해냈다.

당신은 어떤 특별한 능력을 발휘하고 싶은가? 나만의 초능력으로 주변의 소중한 사람들과 세상을 행복하게 하는 상상의 나래를 펼쳐보자.

▬▬▬▬ '비주얼씽킹 인성수업' 활동 방법

[활동 1] 어느 날 문득 나에게 이런 능력이

1) 그림 카드를 그림이 보이지 않게 펼쳐 놓고 그 중 3장의 카드를 고른다.

2) 선택한 3장의 카드 중에서 1장을 선택해서 영웅의 이야기가 함께 하는 스토리를 만들어 소개한다.

3) 소개된 영웅들 중 최고의 영웅을 선정한다.

[활동 2] 내 안의 영웅을 발견하라

1) 그림 카드 속에서 자신의 능력을 알릴 수 있는 내용의 카드를 고른다.

2) 자신의 능력을 100배 과장하여 초능력으로 소개한다.

3) 초능력 시장놀이를 하면서 사고판다.

[활동 3] 세상을 행복하게 할 슈퍼히어로 어벤져스 팀

1) 그림 카드 속 이미지에서 세상에서 꼭 필요한 능력을 나타낸 그림 카드를 고른다.

2) 한 장의 그림 카드마다 영웅인 이유를 표현해 준다.

3) 모둠별 토너먼트 활동을 통해 5명의 영웅을 정한다.

4) 영웅의 팀 이름과 출정 구호를 정해본다.

Tip : 대상에 따라 다양한 소주제를 정해 이야기 나누어 볼 수 있다.

대상 : 초등학교 3, 4 학년 학교임원들

주제 : 내가 우리 반, 우리 학교를 위해 갖고 싶은 특별한 능력은?

모든 친구들이 신나고 행복한 마음을 가질 수 있도록 해 줄 수 있는 능력

포기하려는 친구에게 기운을 북돋아줄 수 있는 능력

친구들을 위해 등대처럼 빛을 비춰줄 수 있는 능력

친구들의 기분을 좋게 해주는 마법의 물약을 만들 수
있는 능력

친구들이 갖고 싶은 물건을 뚝딱뚝딱 만들어 줄 수
있는 능력

아픈 친구가 있으면 금방 치료해줄 수 있는 초능력

친구들이 먹고 싶어 하는 음식을 언제든지 맛있게
만들어 줄 수 있는 능력

언제 어디서나 친구들과 재밌게 놀아줄 수 있는 능력

친구들이 가고 싶어 하는 곳으로 순간이동 시켜줄 수 있는 능력

친구들이 무서워하는 것을 없애주는 능력

2장
비주얼씽킹
리더십 프로그램

○ 멋진 우리, 멋진 리더! ○

"손흥민, 유재석, 세종대왕, 마더 테레사, 김연아, 이순신 장군, 마틴 루터킹, 스티브 잡스. 이 사람들의 공통점은 무엇일까요?"이 질문에 아이들은 대답한다.

"이름만 들어도 누군지 알 수 있을 만큼 유명한 사람이에요.""성공한 사람이에요.""자신의 꿈을 이룬 사람이에요." 아이들의 대답이 다양하다. "모두 다 맞는 말이에요. 여기에 한 가지를 더하자면 '리더'라는 공통점도 있어요."

이렇게 말하면 "마더 테레사와 손흥민, 김연아 선수가 어떻게 리더에요?"라고 반문한다. '리더'라면 보통 대통령, 반장, 회장 등 대표의 자리를 맡은 사람이 떠오르기 때문이다. 마더 테레사와 축구선수 손흥민, 김연아 전 피겨스케이팅 선수까지 리더라고 할 수 있는 이유는 무엇일까?

리더십은 '나 자신과 사람들이 좋은 방향으로 이끄는 것. 그리고 변화하도록 영향력을 주는 것'을 의미한다. 첫째 나 자신을 좋은 방향으로 이끄는 리더십을 '셀프 리더십'이라고 한다. 손흥민 선수나 김연아 선수는 자신의 꿈과 목표를 명확히 하고 자기 관리로 꿈을 이루었다는 점에서 셀프 리더라 할 수 있다. 우리나라는 오랫동안 피겨의 불모지였다. 김연아 선수로 인해 피겨스케이팅에 대한 관심이 높아지고, 많은 피겨 꿈나무들이 탄생했다. 셀프 리더십은 스스로 삶의 주도성을 갖고 살아가는 태도를 의미한다. 그렇기 때문에 모두가 리더이며 셀프 리더십을 훈련할 필요가 있다. 셀프 리더가 되기 위해 나 스스로 무엇을 실천해 볼 수 있을까? 셀프 리더십은 리더십의 출발이 된다.

둘째 타인을 리드하며 영향력을 주는 것을 '대인관계 리더십'이라고 부른다. 대인관계 리더십의 멋진 리더로 고(故) 이종욱 박사를 소개한다. 아시아의 슈바이처라고 불리는 백신(vaccine)의 황제 이종욱 박사는 우리나라 최초로 WHO(세계보건기구)의 수장이 되었다. WHO 사무총장이 되어 '3 by 5 캠페인'으로 2005년까지 300만 명에게 AIDS(에이즈, 면역결핍바이러스) 치료제를 제공하겠다는 사업을 추진했다. 모두가 불가능하다고 했지만 행동하지 않으면 아무것도 이루어지지 않는다며 전 세계를 돌며 기부금 마련에 앞장 섰다. 300만 명 중 200만 명에게 치료제를 공급하지 못했다. 결과적으로 실패. 이종욱 사무총장의 열정에 전 세계 지도자들이 에이즈 문제에 주목했다. 무언가 변화의 조짐이 나타났고 2008년도에는 목표를 달성할 수 있었다. 이 캠페인은 공중보건 역사상 가장 위대한 업적 중 하나로 인정받게 되었다.

━━━━━ '비주얼씽킹 리더십 프로그램' 활동 방법

[활동 1] 나는야 셀프 리더!

1) 그림 카드 중 내가 스스로 잘 하는 것, 앞으로 새롭게 실천해 보고 싶은 것 1가지씩 선택한다.

2) 그림 카드를 보고 내용을 정리한다.

3) 함께 응원하고 격려한다.

━━━━━ 활동 사례

스스로 잘 하고 있는 것	새롭게 실천해 보고 싶은 것
숙제 스스로 하기	내 방 스스로 정리하기
학교 준비물 혼자 챙기기	줄넘기 하루에 10분씩 하기
계획표 만들어 보기	매일 책읽기

[활동 2] 멋진 리더 열차

1) 내가 생각하는 멋진 리더의 이름을 적어 본다.

2) 그 이유를 쓰고 그림 카드로 표현한다.

3) 발표를 한 후 멋진 리더 열차를 완성한다.

[활동 3] 리더십 토너먼트

1) 리더에게 필요한 미덕을 표현한 그림 카드를 고른다.

2) 2명씩 짝 토론을 진행하여 1가지 미덕을 결정한다.

3) 모둠별로 합의한 의견을 발표한다.

4) 도트스티커를 활용하여 리더에게 가장 필요한 미덕에 투표한다.

5) 가장 많은 표를 얻은 3가지 미덕을 선정 후 실천방법과 약속을 정
   한다.

◦ 그림 카드로 「어린이 권리선언문」만들기 ◦

2015년 9월 2일 터키 휴양지 보드룸 해변에서 모래에 얼굴을 파묻은 채 싸늘한 세 살배기 아이가 시신으로 발견됐다. "세상에서 가장 예쁜 우리 아이들이 한꺼번에 사라졌습니다. 아침마다 저를 깨워 주고, 놀아 달라고 했는데 이젠 모든 꿈이 사라졌고, 살아갈 이유도 없어졌습니다." 시리아 난민 아일란 쿠르디의 아버지가 절규한 말이다.

수니파 무장조직 이슬람국가(IS)의 위협을 피해 가족과 함께 시리아 북부를 탈출했던 어린 소년은 소형보트를 타고 지중해를 건너려 했다. 결국 배가 전복돼 엄마, 형과 함께 숨졌다. 어린 쿠르디의 죽음은 시리아 난민 위기와 특히 난민 아동의 참상을 전 세계에 알리는 결정적 계기가 됐다. 이 사건을 통해 유럽의 나라들이 난민 인권에 대한 문제를 다시 생각하게 되었다.

　인권이란 사람으로서 마땅히 누려야 할 자유 평등 등의 기본적 권리이다. 우리나라에서도 인권은 다양한 법으로 규정되어 있다. 다양한 법과 사회적 시스템에서 인권에 대한 권리를 명시하고 있지만 아직도 인권 관련 문제들은 끊임없이 발생한다. 그중에서도 아동인권 침해와 문제점은 난민 아동뿐 아니라 우리나라에서도 종종 일어난다. 권리의 주체인 아동이 자신의 권리를 주장하기에 여러 제약이 따르기 때문이다. 이러한 문제를 해결하기 위해서는 주어진 권리를 아는 것이 첫걸음이다.

　루마니아의 한 인권 교육자는 "우리는 자신이 권리를 가졌다는 것을 알고 태어났다. 필요한 건 바로 그것을 기억해 내는 일이다."라고 말했다. 아이들이 자신의 권리를 알고 기억하도록 하는 것이 인권교육의 시작이다.

　최근 학교 교육에서 아동 인권교육은 어떻게 이루어지고 있을까? 교과과정에 포함된 정규 수업은 찾아보기 힘들다. 대부분 인권교육 시민단체에서 배포하는 자료로 수업이 이루어진다. 아동 권리가 보장된 규정을 알려주고 인권에 대한 여러 영상물을 시청한다. 이런 인권교육에서 아이들이 참여하는 스토리텔링 인권교육을 포함해 보면 어떨까? 아이들 스스로 권리를 알고 기억하기 좋은 방법이 될 것이다.

■■■■ '비주얼씽킹 인권교육' 활동 방법

1) 인권에 관련된 그림책 『거짓말 같은 이야기』(강경수,시공주니어)를
   함께 읽는다.

2) 모둠별로 그림책에 등장한 여러 나라 친구 중 가장 인상적인 친구
   를 선정한다.

3) 그 친구를 위해 우리가 할 수 있는 일이 무엇인지 토론한다.

4) 토론 후 그림 카드를 활용하여 어린이 권리선언문을 작성한다.

5) 모둠별로 어린이 권리선언문을 선포한다.

■■■■ 활동 사례

그림 카드로「어린이 권리선언문」만들기

예시문장 : 어린이는 _____ 권리가 있다.

「우리가 꿈꾸는 어린이 권리선언문」

1. 어린이는 미로에 빠졌을 때 도움 받을 수 있는 권리가 있
   다. 이주오, 초등 2

2. 어린이는 친구들과 즐거운 추억을 만들 수 있는 권리가 있다. 장서율, 초등 2

3. 어린이는 맛있는 것을 맘껏 먹을 수 있는 권리가 있다. 박서준, 초등 2

4. 어린이는 필요한 것을 주고받을 수 있는 권리가 있다. 최지원, 초등 2

5. 어린이는 친구가 부족한 재료는 나눠 줄 수 있는 권리가 있다. 김유경, 초등 1

6. 어린이는 차별받지 말아야 하는 권리가 있다.
김남효, 초등 2

7. 어린이는 화 낼 수 있는 권리가 있다. 박성준, 초등 2

8. 어린이는 안전한 집에 살 수 있는 권리가 있다.
신상현, 초등2

4장
비주얼씽킹
학교폭력
예방수업

○ 폭력 없는 학교로 다함께 차차차 ○

게임중독, 자살, 왕따 등의 시련을 딛고 청소년 상담사가 된 송기환 씨의 이야기가 몇 년 전 KBS 1TV 프로그램 〈강연 100℃〉에 나온 적이 있다. 송 씨는 어린 시절 가정불화로 조부모 손에서 자랐다. 게임중독에 빠졌던 그는 중학생이 된 뒤 친구들에게 인정받고 싶어 공부를 시작했다. 성적이 점점 올라 전교 1등을 하기도 했다. 그때 송 씨는 '나도 하면 되는구나.'라는 생각을 했단다. 그러나 성적이 오를수록 아버지는 지나치게 공부를 강요했고 기숙사가 있는 특목고에 진학했다.

학교생활은 기대와는 달랐다. 친구들은 그를 무시하고 괴롭혔다. 뒤처지지 않으려 공부에 매진했지만 성적은 늘 제자리. 성적 고민과 왕따 문제로 학교를 그만두겠다고 했지만 아버지는 오히려 아들을 나무

랐다. 스스로 인생의 패배자가 된 기분이 들었다. '이렇게 살고 싶지 않다. 그냥 죽자'는 생각으로 옥상에 올라가 밑도 보지 않고 뛰어내렸다'고 그때의 상황을 이야기한다. 다행히 눈을 떠보니 병원 응급실이었고 이후 자신을 돌아보는 시간을 가졌다. 남의 눈치를 보거나 시선을 의식하지 말고 내가 잘할 수 있는 일을 하자고 마음먹고 청소년 상담사가 되었다.

신학기가 되면 각 학교에서는 '학교폭력 실태 조사서'와 '도란도란 학교폭력 예방 누리집' 사이트를 알려주는 공문을 가정으로 보낸다. 학교폭력의 심각성을 말하고 학교와 경찰, 가정에서 모두 관심을 가지고 살펴보아야 한다고 말한다.

우리나라는 학교 폭력에 대해 규정을 '학교 폭력 예방 및 대책에 관한 법률'로 정하고 있다. 신체에 폭력을 가하는 행동만이 학교 폭력이 아니다. 학교 폭력은 정신적, 재산상의 피해를 주는 행동도 포함된다. 자신은 장난이라 생각하고 행동했다 하여도 피해를 당한 사람이 폭력이라고 느끼면 학교폭력이 될 수 있다. 최근에는 스마트폰이나 SNS를 이용한 카톡왕따, 카톡감옥방, 와이파이셔틀 등도 생겨났다.

학교 폭력의 원인은 가정의 과잉보호, 지나친 입시위주의 교육 시스템, 스마트기기를 통한 폭력적, 선정적 콘텐츠에 노출되는 등 여러 요인이 복합적으로 작용한다.

학교에서 쉬는 시간에 있었던 일? 그건 내 탓이 아니야.

나는 진짜 몰라. 그 일이 어떻게 시작되었는지 정말 모르겠어.

사실 난 알고 있어. 언제 어떻게 시작되었는지……그렇지만 내 탓은 아니야.

나는 진짜 몰라. 그 일이 어떻게 시작되었는지 정말 모르겠어.

(중략)

그 앤 아무 말도 하지 않았어. 그게 마음에 걸려. 그때 그 애 얼굴을 잊을 수가 없어

그 앤 말 한마디 하지 않았어. 우릴 물끄러미 쳐다보기만 했어. 차라리 소리라도

질렀으면…

때리긴 했지만, 그냥 별 뜻 없었어. 모두가 때렸거든. 내 탓이 아니야.

정말 내 탓이 아닐까?

『내 탓이 아니야』(레이프 크리스티안, 고래이야기) 중에서

이 책은 한 아이를 반 전체가 때리고 따돌리는 내용이다. 잘못인 줄 알지만 내 탓이 아니라고만 할 뿐 반 전체 아이들이 가해자였다. 학교폭력은 이처럼 대부분 친구 관계에서 벌어진다. 과연 아이들은 친구를 어떤 의미라고 생각할까? 경기도 성남시에 있는 C초등학교 6학년 아이들과 비주얼스토리텔링 기법을 활용하여 학교폭력에 관한 수업을 진행해 보았다. 먼저 '친구'에 관한 생각을 물어보았다.

"친구란 인생의 감미료(sweetener)라고 생각해요. 잘 조리된 음식도

양념이 빠지면 맛이 안 나니까요."(김민수, 6학년)

"친구란 유리 구슬 같아요. 이쁘고 아름답지만 부주의하면 깨질 수 있으니까요."(박희주, 6학년)

"친구란 언제든지 같이 있어주고 다른 친구와 나 사이에서 치우침이 없는 존재예요."(이나영, 6학년)

"친구란 함께 웃고 게임을 같이 하고 이야기가 통하는 존재예요." (김태훈, 6학년)

아이들은 대체로 '친구'에 대해 '소중하다'는 감정을 표현했다. 그럼에도 불구하고 우리의 학교 교실은 크고 작은 학교폭력이 벌어지고 있다. 학교폭력 예방 수업은 초, 중, 고등학교에서 매우 중요한 교육이다. 보통 경찰관이 강의식으로 학교폭력의 심각성을 보여주는 강의를 한다. 하지만 무섭고 심각한 현상만을 보여주는 강의로는 아이들의 변화를 끌어낼 수 없다. 그림 카드를 활용한 게임식 학교폭력 예방 수업을 해 보았다. 학교폭력 예방 수업을 게임으로 즐기면서 자연스럽게 학습할 수 있는 프로그램이다.

■■■■ '비주얼씽킹 학교폭력수업' 활동 방법

1) 종이컵, 그림 카드 스티커, 필기도구를 준비한다.

2) 모둠별로 학교폭력을 예방하는 방법에 대한 그림 카드 12장을 선택한다. 동일한 카드를 3세트 만든다. 직접 같은 그림을 3장씩 그

려도 된다.

3) 12장은 4×3으로 가운데에 그림이 보이지 않게 뒤집어 놓는다. 나머지 24장은 그림이 보이도록 주변에 배치한다.

4) 종이컵을 게임 말로 이용하고, 포스트 잇 한 장을 종이컵에 붙인다.

5) 보드게임 '치킨차차'의 게임방법을 활용한다.

(자기 말 앞에 다른 말이 있다면 그 말 앞에 있는 그림을 맞추고 앞 말에 붙은 꼬리(포스트 잇) 하나를 떼어 자신의 말에 붙이며 뛰어넘어 전진한다. 모든 꼬리를 모으거나 가장 많이 꼬리를 모은 사람이 최고의 평화리더가 된다.)

6) 이 게임을 통해 아이들은 스스로가 정한 학교폭력 예방법을 자연스럽게 기억할 수 있다.

활동 사례

♂ 사람을 이어주는 공유경제 ♂

몇 해 전, 유럽으로 여행을 다녀왔다. 국내 여행이 아니었기 때문에 숙소에 대한 고민이 가장 컸다. 그냥 가서 정하자는 다소 황당한 계획이었으나 그 계획은 또다른 즐거운 경험을 안겨 주었다. 바로 숙박 공유 서비스인 에어비앤비 덕분이었다.

에어비앤비는 2008년 샌프란시스코에서 생겨났다. 온라인 및 모바일에서 전 세계의 독특한 숙소들을 올리고, 발견하고, 예약할 수 있는 숙박 공유 플랫폼이다. 에어비앤비 창립자인 브라이언 체스키가 아파트 임대료조차 부담이 되었던 시절 자신과 처지가 비슷한 젊은이들에게 침대와 아침 식사를 제공하면 좋을 것이라는 생각에서 시작했다. 사용하지 않은 공간을 빌려준다는 개념을 시작으로 현재는 192개국 200만 개가 넘는 숙소 정보를 보유하고 있다. 이 숙박 공유 서비스 덕분에 호텔과는 비교도 안 될 특별한 경험을 할 수 있었다.

프랑스의 한 시골 마을에서는 벽난로와 와인바, 2층엔 아이들 방이 있는 집 전체를 89달러의 가격에 1박을 할 수 있었다. 주인은 친절함이 몸에 배어 있었고 근처 과일 싸게 파는 곳, 맛집 등 필요 정보도 알려주셨다. 떠나는 날, 주인아저씨에게 고맙다는 편지 한 장을 써 놓고 왔다. 공유경제 체험을 해 본 후, 난 공유경제의 정의를 이렇게 내려 본다. "공유경제는 사람과 사람 사이에 따뜻한 마음을 주고받는 통로이다."

공유경제는 새로운 개념이 아니다. 인류의 오랜 소비방식 중 하나이다. 전통사회의 품앗이부터 최근의 아나바다 운동(아껴 쓰고 나눠 쓰고 바꿔 쓰고 다시 쓰기를 줄인 말)까지 공유 문화는 지속하여 왔다. 선배가 후배에게 교복을 물려주는 것, 중국어를 잘하는 친구가 중국어를 가르쳐주는 것, 창고에 있는 장난감을 빌려주는 것 등 나눔을 실천하는 것이 바로 공유경제이다. 물건은 소유할 때보다 사용될 때 가치가 발생한다. 공유경제는 물건을 공유하는 차원을 넘어 서로 마음을 나누고, 사람 사이의 관계를 넓혀가는 행위이다.

학생들에게 소유가 아닌 나눔을 실천할 방안에 대해 그림 카드를 활용한 기사작성 수업을 진행해보았다.

■■■■■■ '내가 나눌 수 있는 공유 발견하기' 활동 방법

1) 『장갑, 우크라이나 민화』 그림책을 읽어준 후, 공간을 함께 공유하는 것에 대해 이야기를 나눈다. 공유경제란 어려운 것이 아님을

그림책 속의 동물들을 보면서 이해한다.

2) 그림 카드 중 내가 나눌 수 있는 재능이나 물건을 소개한다.

3) 내가 할 수 있는 공유경제를 파악한 후, 우리 마을에 필요한 공유
경제에 대해서 생각해본다.

4) 모둠별로 공유경제에 관한 기사를 쓴다.

━━━━ '우리가 꿈꾸는 공유마을 만들기' 활동 방법

1) 도란도란 카드를 활용하여 꿈꾸는 공유마을을 상상해 본다.

2) 포스트 잇에 공유마을의 모습을 구체적으로 써서 카드에 붙인다.

3) 시각적으로 마을을 꾸민다.

4) 모둠을 구성하여 함께 만들면 더욱 다양한 상상을 할 수 있다.

요즈음 많은 마을과 지역에서 저출산 문제가 일어나고 있다. 저출산 문제란, 사람들이 아이를 낳는 양이 줄어든 것을 말하는 것이다. 사람들이 아이를 낳으면 교육비나 보육비 등 돈이 많이 들기 때문에 저출산 문제가 일어나고 있다. 그래서 우리지역에서는 함께 공동 육아와 품앗이 교육을 해야 한다. 박은호, 초등 4

더 이상 배고픔은 없다. 아프리카의 많은 아이들이 아직도 배고픔에 시달리고 있다. 우리는 더 이상 배고픔에 시달리지 않도록 노력해야 한다. 우리는 음식을 남기지 않고 음식을 기부해야한다. 김현석, 초등 4

우리 동네 뜨개질 동아리. 아이들이 따뜻한 목도리를 할 수 있도록 뜨개질 동아리를 만들면 어떨까요? 나의 재능을 나눌 수도 있고, 수다도 떨 수 있어서 좋을 것 같습니다.
박초이, 초등 5

중등, 고등학생들이 학교를 다니려면 교복이 필요합니다. 하지만, 형편이 어려워서 교복을 사지 못하는 아이들이 있습니다. 제가 생각해낸 것이 바로 중학교, 고등학교를 졸업할 때마다 교복을 나누어 주면 좋을 것 같습니다.
조서영, 초등 6

다문화 가정의 아이들도 같이 어울려 놀 수 있는 부모안심 놀이방이 필요하다. 편견이 없는 놀이방. 함께 공부를 하며 여러 나라의 문화를 배울 수 있다. 김주하, 초등 4

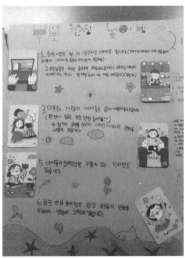

○ 생각을 보여주는 학급회의 ○

6학년 2반 선생님이 새끼 돼지 한 마리와 교실에 등장한다.

"선생님은 이 새끼 돼지를 다함께 잘 키운 후 먹으려고 합니다. 돼지를 직접 키우면서 음식의 소중함도 알게 되고 살아 있는 것을 먹는다는 의미를 몸으로 느낄 수 있을 거예요."

그런데 교실에서 돼지를 키우는 것이 가능한 일일까? 이는 오사카

영화 'P짱은 내 친구', ⓒ 마에다 테츠

초등학교 교사의 실화에 바탕을 둔 『돼지가 있는 교실』(후로다 아스후미, 김경민 역, 2011)', 영화 'P짱은 내 친구(마에다 테츠 감독, 2010)'의 내용이다.

돼지를 키우기로 하고 학생들은 학교 한 켠에 돼지우리를 만든다. 'P짱'이라는 이름도 지어준다. 돼지를 키우면서 많은 우여곡절이 있지만 그만큼 애정도 깊어지고 배움도 얻는다. 6학년 말 졸업을 앞두고 P짱의 운명을 둔 고민이 시작된다. 졸업하면 돼지를 돌볼 수 없는데 과연 돼지를 어떻게 할 것인가? 1년간 애정으로 키운 이 돼지를 처음의 약속처럼 잡아먹어야 할까?

교실에서 돼지를 키운다는 소재 자체 자체도 흥미롭다. 무엇보다도 인상적이었던 것은 선생님과 학생들이 문제를 해결해 나가는 과정이었다. 돼지를 잡아먹어야 할지에 대한 견해 차이는 있지만 모두가 그 문제의 주인이었다. 학생들은 자유롭게 의견을 나눈다. 그리고 합의된 방법대로 회의를 진행한다. 문제를 인식하고 토론하여 결론에 도달하는 과정이 이상적인 학급회의의 모습이다.

초등학교 시절 학급회의에 대한 기억은 이렇다. 선생님께서 몇 가지 사안을 반장에게 주면 반장은 이에 맞춰 회의를 진행한다. 일부의 학생들은 의견을 내며 회의에 참여한다. 대다수의 학생은 회의와 관심 없이 장난을 칠뿐이다. 회의 끝에 결정이 필요한 순간에 손만 들어주면 끝난다. 손은 들었지만 결정된 사안에 대해서 별 관심이 없다. 좀 더 쉽게 생각을 자극하고 재미있게 참여하는 회의를 진행할 수는 없을까? 그림 카드를 이용하여 회의 현장에 변화를 줄 수 있다. 그림 카드는 학급에서 토론 주제를 정할 때 생각을 자극하는 도구가 된다. 나아가 문제의 원인, 해결방법, 실천 계획까지 그림 카드로 활용할 수 있다. 이런 방법은 모두의 참여를 끌어낸다.

■■■■■■ '비주얼씽킹으로 학급회의하기' 활동 방법

1) 회의 주제 선정 : 그림 카드에서 우리 학급의 문제가 되는 상황을 골라본다.

2) 문제의 원인을 생각한다.

3) 그 문제의 대안과 해결책을 그림 카드에서 찾는다.

4) 도트 스티커 투표를 통해 효과적인 대안 1~2가지를 정한다.

5) 소수의견을 모아 공유한다.

부록 1

비주얼씽킹을 돕는

도구와 활용법

◦ 비주얼씽킹을 돕는 다양한 도구들 ◦

<콩씨맘씨 감정 카드> 늘품상담사회적협동조합

감정 카드는 자신과 타인의 감정인식 및 다양한 감정을 효과적으로 표현할 수 있는 도구이다. 감정을 인식하고 추측하는 연습을 통해 대인관계 기술을 높일 수 있다. 라포((Rapport, 친밀성, 친근감) 형성이나 공감을 주고받는 훈련, 억눌린 감정을 표현하는 과정 등 감정을 나누고 표현하는 과정을 효과적으로 진행할 수 있게 도와준다.

콩씨맘씨 공감소통 카드는 감정, 느낌, 공감, 격려 카드 각 25장씩 구성되어 있다. 귀여운 캐릭터가 감정과 느낌을 표현하고 있어 친근하다. 감정에 관한 인식이 부족한 어린이나 어휘가 부족한 아동 청소년, 한국어 표현이 서툰 외국인과의 소통에도 효과적이다.

현재의 마음 상태를 감정과 느낌으로 표현하고 참여자는 그에 대한 공감과 격려로 공감소통할 수 있다. 현재의 감정과 느낌 말하기, 감정에 대한 경험 나누기, 감정 맞추기 게임 등을 할 수 있다. 공감 카드를 활용하여 다른 사람의 이야기를 듣고 그 사람에게 공감, 표현하며 마음 주고받기를 할 수 있다. 콩씨맘씨 감정카드는 한국어, 중국어, 베트남어, 영어가 함께 담긴 다문화 버전도 있다.

<프레디져 카드> 나비의 활주로 / 지수근 저

프레디져 카드는 학생부터 성인들까지 다양한 계층의 사람들이 자신의 진로와 적성을 알아볼 수 있는 자기탐색 도구이다. 자신이 잘하고 좋아하는 것을 52장 카드에서 선택 조합하여 직업과 연결해 볼 수 있다.

사물형(경험), 사람형(사랑), 사고형(미래), 자료형(근거)의 4가지 유형으로 구분되어 있다.

자신이 좋아하는 카드를 선택하여 색깔별로 분류해 자신의 유형을 찾아보고 자신이 잘하는 카드를 선택해 자신을 알아보는 방법과 조하리 창을 이용한 타인이 발견해주는 자신의 모습을 알아보는 것에 활용하기도 한다. 프레디져 카드 흥미진단을 통한 자기에 대한 올바른 이해로 자존감을 높일 수 있다.

<트리즈 카드> 한국창의학회

"창의성은 타고나는 것이 아니라 학습될 수 있는 것이다."

트리즈 창시자 겐리히 알트슐러의 말이다.

트리즈는 전 세계 200만 건의 특허를 분석, 정리한 창의적인 아이디어를 도출하는 기법이며 이를 활용한 트리즈 카드는 창의적인 생각을 펼치는데 도움이 되는 도구다.

트리즈 카드를 활용하면 누구나 쉽게 발명의 원리를 익히고 활용할 수 있다. 이해하기 쉬운 발명원리가 픽토그래프로 표현되어 있고 여러 가지 발명 사례들이 이해하기 쉽게 그림으로 표현되어 있다. 총 45장의 카드를 활용하여 누구나 쉽게 창의적인 아이디어를 만들어 낼 수 있다.

세계 최고수준의 트리즈 기반으로 한 아이디어 카드로 어린이 발명캠프, 대학교육, 기업 창의력 교육 등에 널리 활용되고 있다.

\<직업 카드\> 고용노동부, 한국교용정보원 저, 매일경제신문사

직업 세계를 이해하고 진로 결정을 돕는 목적으로 제작되었다. 진로에 대하여 흥미를 가지고 진로 탐색 과정에 즐겁게 참여할 수 있다.

고용노동부와 한국고용정보원이 체계화된 조사를 통해 검증하고 선정한 120개의 직업이 포함되어 있으며 직업 세계를 이해하기 위한 중요한 요소들을 파악 직업정보를 구체적으로 탐색할 수 있다. 진로 탐색에 있어서 중요한 자신의 특성(흥미, 가치관) 등을 질적으로 탐색할 수 있으며 직업의 다양성과 종류를 이해하는 데 큰 도움이 된다.

카드 뒷면에 해당 직업이 하는 일과 되는 길, 관련학과, 관련자격 및 면허, 업무 수행 능력, 전망 등이 소개되어 있는데 각각의 직업명은 워크넷(www.work.go.kr)의 한국직업정보시스템에 수록된 직업명을 기준으로 제시되었으며 각 직업에서 제시된 직무를 기준으로 학생들이 이해하기 쉽게 그림으로 표현하였다.

카드는 홀랜드 흥미유형의 순서(현실형-탐구형-예술형-사회형-진취형-관습형)로 각 유형별 20개씩 구성되어 있다. 흥미 유형은 직업카드 뒷면에 색깔로 구분되어 다양하게 응용할 수 있다.

\<롤모델 직업카드\> ㈜한국콘텐츠미디어 저

다중지능으로 알아보는 롤모델 직업카드로 청소년의 역할모델, 성공하거나 존경받는 인물을 선정해 80명이 수록되어 있고 여러 직업인들의 사례가 풍부하게 담겨 있다.

언어지능, 논리지능, 공간지능, 신체지능, 음악지능, 인간친화지능, 자기성찰 지능, 자연친화 지능의 다중지능별 8가지 색상으로 구분되어 있으며 카드 앞면은 인물명, 직업명, 인물의 일러스트, 명언 등이 있고 뒷면에는 업적을 이루기까지의 과정, 관련 직업정보(직업, 학과, 인물, 가치관, 성공비결)와 명언, 장애물 극복, 실패 사례 등 직업 인물의 스토리, 업적과 함께 생각해볼 질문이 있다.

롤모델이 함께하는 직업카드를 통해 자신의 역할모델을 찾아보고 꿈을 이룬 사람들의 태도를 본받을 수 있다. 또한 직업에 대한 편견을 극복하고 자신에게 중요한 가치관도 찾아볼 수 있으며 성공한 사람의 사례를 통해 '행복한 삶'에 대한 생각의 폭을 확장할 수 있다.

<도란도란 그림책 질문45> 더즐거운교육

〈도란도란 그림책 질문 45〉는 그림책으로 토론하기 좋은 질문 45장을 수록하여 토론을 쉽게 시작할 수 있게 돕는다. 자연스럽게 질문하

고 생각하는 힘을 기를 수 있다.

〈질문 카드 활용법〉

1) 책을 읽고 난 후 질문 카드를 한 장 뽑아서 서로 이야기를 나눈다.
   서로 뽑은 질문을 읽고, 자기 생각을 말하는 것이 기본 활용방법이다.

2) 질문 카드 주사위놀이 : 36장의 질문 카드를 6x6칸으로 늘어놓은 후
   주사위를 2번 던져서 나온 숫자대로 가로칸과 세로칸에 해당하는 질
   문카드를 찾아 뒤집어 이야기를 나눈다. 주사위를 던져 나온 우연의
   숫자가 질문 카드 놀이의 흥미를 높인다.

3) 질문 카드x도란도란 카드 : 질문 카드에 대한 대답으로 도란도란 스토
   리텔링 카드의 그림으로 대답을 하며 자신의 생각을 시각적으로 보여
   준다.

4) 유사질문 만들기 : 질문 카드를 뽑은 후 비슷한 질문으로 바꿔보는 활
   동을 할 수도 있다. 창의적 질문 만들기 연습에 도움이 된다.

<꽃담소 공감소통 카드> 더즐거운교육

젊은 아빠들에게 질문지를 주었다. 아이가 제일 좋아하는 음식은?
아이가 자는 모습을 지켜본 적 있나요? 당신의 휴대폰에 아이 사진은
몇 장이나 있나요? 아이에게 사랑한다는 말을 마지막으로 한 적은 언
제인가요? 아빠들은 얼굴 가득 웃음 지으며 적어 내려간다. 어느 정도
시간이 흐르고 아빠들에게는 다른 질문지가 주어졌다.

같은 질문에 대상만 바뀐 질문들이다. 아버지가 가장 좋아하는 음식은? 당신의 휴대폰에 아버지 사진은 몇 장? 아버지에게 사랑한다는 말을 마지막으로 한 적은 언제인가요? 사뭇 다른 표정으로 물끄러미 질문지를 바라보며 쉽게 적어내려가지 못하는 아빠들. 금융회사의 광고 내용 중 한 부분이다.

질문은 우리의 생각과 마음의 문을 열게 한다. 꽃담소 공감소통 카드는 자신을 돌아보며 가족, 이웃들과 따뜻하고 건강하게 소통할 수 있는 질문 49가지를 담고 있다. 소통이 필요한 곳에서 폭넓은 대상과 여러 장소에서 활용할 수 있다.

〈꽃담소 공감소통 카드 활용법〉

1) 가족, 지인들과 다양한 질문을 선택해 가며 이야기 나누어본다.

2) 새로운 만남의 장소에서 자기소개 도구로 활용한다.

3) 주어진 카드 중에서 상대방에게 궁금한 질문을 선택해서 대화한다.

4) 질문에 대한 상대방의 답을 예상해 맞추기 등의 게임으로 활용한다.

5) 하루에 한 장씩 질문을 뽑아 스스로 답을 해가는 과정을 통해 자신에 대해 알아갈 수 있다.

그 외에도 스토리텔링카드에 보드게임을 추가한 〈도란도란 스토리 GOGO〉, 가치 중심의 삶을 추구하고 가치를 자기화, 생활화 하여 나와 공동체를 함께 생각할 수 있는 55개의 가치로 구성된 〈가치성장 카드〉, 사람들을 가장 잘 이해 할 수 있는 방법은 잘 들어주는 것인데 〈솔라리움 카드〉는 상대방 이야기를 잘 듣는 좋은 도구로 사용할 수 있다. 50장의 사진과 4가지 질문을 통해서 주변 사람들의 삶에 대한 이야기를 듣고 마음을 열어 대화 할 수 있다. 〈이미지프리즘 카드〉는 창의성 촉진과 원활한 소통을 하기 위해 100장의 사진을 모아 만든 이미지 카드로 다양한 교육현장과 모임, 상담 장면에서 폭넓게 활용할 수 있다.

도란도란 스토리텔링 카드는 <더즐거운교육>에서 개발한 100장의 그림카드로 스토리텔링을 돕는 비주얼씽킹 도구입니다.
자기 탐색, 소통과 공감, 토론, 글쓰기 활동 등 다양한 교육 분야에서 적용할 수 있습니다.
이책의 부록2로 실은 45장의 도란도란 스토리텔링 카드 샘플을 활용하여 책에서 제시한 다양한 활용 사례처럼 사용해 볼 수 있습니다.

★ 더즐거운교육 https://www.thefunedu.com

도란도란 카드

Do ran-Do ran Talk Card

부록

도서출판 이비컴의 실용서 브랜드 **이비락**◉은 더불어 사는 삶에
긍정의 변화를 줄 유익한 책을 만들기 위해 끊임없이 노력합니다.

원고 및 기획안 문의 : bookbee@naver.com